ESCUTE
SEU CORPO

LISE BOURBEAU
ESCUTE SEU CORPO

SEXTANTE

Título original: *Écoute Ton Corps*

Copyright © 1987 por Lise Bourbeau
Copyright da tradução © 2023 por GMT Editores Ltda.

Todos os direitos reservados. Nenhuma parte deste livro pode ser utilizada ou reproduzida sob quaisquer meios existentes sem autorização por escrito dos editores.

tradução: Dorothée de Bruchard
preparo de originais: Alice Dias e Priscila Cerqueira
revisão: Ana Grillo, Hermínia Totti e Luis Américo Costa
diagramação: Valéria Teixeira
capa: Filipa Pinto
impressão e acabamento: Cromosete Gráfica e Editora Ltda.

CIP-BRASIL. CATALOGAÇÃO NA PUBLICAÇÃO
SINDICATO NACIONAL DOS EDITORES DE LIVROS, RJ

B778e

Bourbeau, Lise
  Escute seu corpo / Lise Bourbeau ; tradução Dorothée de Bruchard. - 1. ed. - Rio de Janeiro : Sextante, 2023.
  256 p. ; 21 cm.

  Tradução de: Écoute ton corps
  ISBN 978-65-5564-659-7

  1. Autoaceitação. 2. Autoestima. 3. Autoconsciência. 4. Técnicas de autoajuda. I. Bruchard, Dorothée de. II. Título.

23-85086
CDD: 158.1
CDU: 159.923.2

Meri Gleice Rodrigues de Souza - Bibliotecária - CRB-7/6439

Todos os direitos reservados, no Brasil, por
GMT Editores Ltda.
Rua Voluntários da Pátria, 45 – Gr. 1.404 – Botafogo
22270-000 – Rio de Janeiro – RJ
Tel.: (21) 2538-4100 – Fax: (21) 2286-9244
E-mail: atendimento@sextante.com.br
www.sextante.com.br

SUMÁRIO

PREFÁCIO 7

PARTE I: AS GRANDES LEIS DA VIDA

CAPÍTULO 1   O objetivo primordial de todo ser humano   11

CAPÍTULO 2   Consciência, subconsciente e superconsciência   21

CAPÍTULO 3   Compromisso e responsabilidade   31

CAPÍTULO 4   Amor e posse   41

CAPÍTULO 5   A grande lei de causa e efeito   55

CAPÍTULO 6   Rompendo os cordões: o perdão   61

CAPÍTULO 7   Fé e prece   72

CAPÍTULO 8   Energia   81

PARTE II: ESCUTE O SEU CORPO MENTAL

CAPÍTULO 9   Ego e orgulho   93

CAPÍTULO 10   Certo e errado   104

CAPÍTULO 11   Falsos senhores   115

CAPÍTULO 12   As necessidades do corpo mental   127

PARTE III: ESCUTE O SEU CORPO EMOCIONAL

CAPÍTULO 13   Medo e culpa   137

CAPÍTULO 14   Como expressar suas emoções   149

CAPÍTULO 15   As necessidades do corpo emocional   163

PARTE IV: ESCUTE O SEU CORPO FÍSICO

CAPÍTULO 16 Você alimenta seu corpo físico conforme
conduz sua vida 177

CAPÍTULO 17 Questões relacionadas ao peso corporal 189

CAPÍTULO 18 Sexualidade 198

CAPÍTULO 19 Doenças e acidentes 208

CAPÍTULO 20 As necessidades do corpo físico 220

PARTE V : ESPIRITUALIDADE

CAPÍTULO 21 Espiritualidade e meditação 233

CAPÍTULO 22 Aceitação total 242

CONCLUSÃO 253

AGRADECIMENTOS 255

PREFÁCIO

Este livro foi escrito especialmente para você.
 Seja qual for o motivo que tenha trazido você até aqui, saiba que nestas páginas encontrará em mim uma grande amiga. E, agora que me escolheu, você pode contar comigo sempre que precisar.

Meu maior desejo como amiga é ajudá-lo, então vou procurar responder às suas perguntas e lhe mostrar o caminho para descobrir toda a riqueza que tem dentro de si.

Só que para isso preciso da sua participação. Se você pretende ler o livro e em seguida guardá-lo na estante, estará perdendo uma grande oportunidade. O momento de tomar sua decisão é agora.

Meu método é simples. Basta ler atentamente todo o conteúdo e aplicá-lo na sua vida, trabalhando as questões necessárias para seu desenvolvimento pessoal. Ao fim de cada capítuló proponho alguns exercícios. Se você seguir minhas orientações, irá encontrar todos os benefícios que essa prática lhe reserva.

Este livro se baseia em estudos, pesquisas e observações pessoais que vêm sendo realizadas há mais de quarenta anos. Ele foi publicado pela primeira vez em 1987 e, de lá para cá, muitas descobertas importantes foram feitas. Nesta edição incorporamos essas novas informações e ampliamos o alcance desse trabalho, impactando milhares de pessoas mundo afora.

Eu mesma, ao aplicar na minha vida os ensinamentos que apresento aqui, alcancei uma felicidade e uma paz interior que antes pensava serem inalcançáveis.

Desejo a você uma excelente jornada para dentro de si mesmo.

Leve o tempo que precisar em cada capítulo e não pule nenhuma etapa. Assim, você também fará descobertas extraordinárias que transformarão a sua vida.

Com amor,

Lise Bourbeau

Lise Bourbeau

PARTE I

AS GRANDES LEIS DA VIDA

CAPÍTULO 1

O OBJETIVO PRIMORDIAL DE TODO SER HUMANO

Você já parou para se perguntar o que está fazendo aqui na Terra? Qual é o seu propósito como ser humano? Muita gente não sabe.

Acontece que a resposta é muito simples. Todos nós temos o mesmo objetivo, a mesma razão de existir: *evoluir para nos tornarmos conscientes de quem somos.*

Tudo aquilo que chamamos de VIDA precisa crescer. Dê uma olhada ao seu redor. Quando uma flor ou uma árvore para de crescer e se desenvolver, ela morre. O mesmo vale para a espécie humana. Todo indivíduo precisa crescer e avançar em sua evolução. Crescer, para o ser humano, significa "amadurecer interiormente". É sua alma que cresce ao longo da vida, não o seu corpo físico, depois que atingiu a maturidade.

Mas como podemos crescer? Foi isso que Jesus nos ensinou e transmitiu de maneira muito simples ao afirmar que as duas principais verdades do ser humano são AMAR e ter FÉ. Não parece haver nisso nada de muito complicado, certo? Mas, enquanto os seres humanos continuarem a criar todo tipo de problema para si mesmos, essas duas leis permanecerão incompreendidas.

Jesus veio à Terra no início da era passada, a Era de Peixes, e, infelizmente, seus ensinamentos levaram quase 2 mil anos até começarem a ser aceitos. Esta nova era em que estamos – a Era de Aquário – nos traz a energia necessária para viver com inteligência. E para isso precisamos aprender a amar.

Dizem que, quando tiver aprendido a amar a si mesmo e ao próximo plenamente, o ser humano terá dominado a matéria, e sua existência na Terra não será mais necessária.

Temos que considerar a Terra como uma entidade em si, ou seja, uma alma, uma pessoa. E, como tal, ela também tem o objetivo de evoluir. Assim como nosso corpo possui bilhões de células, nós, humanos, somos as células da Terra. Se cada uma de suas células for saudável, você terá um corpo saudável com o qual será agradável viver. O mesmo vale para o nosso planeta.

Cabe a cada indivíduo a tarefa de se purificar, de se manter física, mental e emocionalmente saudável, como em geral acontece com um ser consciente e espiritual. É dessa maneira que a harmonia reinará entre todos, e a Terra se tornará um lugar repleto de amor, paz e felicidade.

Você está aqui para cuidar de sua evolução, não da dos outros. Por isso é inútil empregar toda a sua energia em julgar, controlar e dirigir a vida alheia. O fato é que você está na Terra somente para si mesmo.

Neste livro você vai encontrar recursos e ferramentas que lhe permitirão tornar-se o mestre de sua vida. Você vai desenvolver uma sólida fé em seu poder interior e aprender a explorar esse imenso amor que há dentro de si. Isso vai liberar tanta energia que sua relação com o mundo e consigo mesmo será totalmente transformada – e sua vida mudará para melhor.

A força da Terra (ou da sociedade) é determinada pelo mais fraco dos seus indivíduos, assim como a força de uma corrente é determinada pelo mais fraco dos seus elos.

Há quem afirme que a Terra tem evoluído muito nos últimos cem anos. O que não deixa de ser verdade. Porém é preciso entender que vivemos uma evolução sobretudo física e material, mas não espiritual. Para onde essa evolução tem nos levado? Basta olhar ao nosso redor: farmácias, hospitais, presídios e asilos não cessam de se multiplicar. As pessoas se veem cada vez mais castigadas por doenças, não só as de sempre, mas também por novas que surgem de tempos em tempos. A mídia nos sufoca diariamente com as atrocidades que acontecem. Será esse o reflexo de uma evolução inteligente? De uma sociedade saudável? Ao que parece, o ser humano tem razão de estar insatisfeito.

É possível que você esteja sentindo essa insatisfação na sua vida. E talvez por isso esteja lendo este livro. Lá no fundo, você sabe que carrega um certo vazio – um vazio que, aliás, está sempre buscando preencher. Mas será que está buscando no lugar certo? Você não tem que procurar ao seu redor, mas dentro de si. Seu melhor amigo está bem aí. Ele é o seu Deus interior, que existe para guiá-lo, para vir em seu auxílio.

Espero que até o fim da leitura você descubra esse poder divino e sinta as manifestações dele em tudo que experimentar. Você então se sentirá capaz de realizar tudo que quiser.

Você deve estar se perguntando: *Como algo pode ser tão simples e, ao mesmo tempo, tão inacessível? Se os seres humanos podem tudo, se podem realizar qualquer coisa, por que tão poucos o fazem?*

E você tem toda a razão de pensar assim, porque poucas pessoas no mundo são realmente senhoras da própria vida. Mas a boa notícia é que estamos começando a despertar. Estamos na era da espiritualidade. Hoje nos questionamos mais, queremos ir mais longe, temos mais consciência de que existe algo além de nós. Só que não é fácil para a humanidade se aprofundar nessa busca. Afinal, nosso ego é muito grande e nos domina, e, no fundo, temos medo de descobrir um monstro dentro de nós mesmos.

De onde vem esse medo? Pode vir da educação que recebemos ou de algum outro lugar, talvez até de uma vida anterior. Mas pouco importa: é hora de deixarmos o passado para trás. O que passou, passou, não pode ser mudado. O momento mais precioso é este que você está vivendo. E o futuro depende apenas de você, daquilo que está pensando agora.

Caso esteja se iniciando no mundo do desenvolvimento pessoal, devo avisar que os ensinamentos deste livro podem fazer com que você sinta um abalo interior, como se seus alicerces estivessem desmoronando. Mas não se preocupe, é só uma ilusão. Essa sensação é um sinal de que há coisas se mexendo dentro de si. É um sinal de que você decidiu fazer uma limpeza interior para ter mais qualidade de vida.

Quando você decide ficar mais atento aos seus pensamentos, fazer cursos, participar de conferências, ler livros e coisas do tipo, está procurando evoluir e se purificar. Mas também precisa agir se quiser que sua vida melhore. Ao mudar sua atitude de maneira consistente, você intensifica essa purificação. Imagine um copo de água suja dentro do qual, bem lentamente, você comece a verter água límpida. Aos poucos, se continuar fazendo isso, a água vai se purificar e você obterá um belo copo de água pura e cristalina. O mesmo acontece dentro de si quando inicia seu processo de desenvolvimento pessoal. Pode ser que seus problemas pareçam mais numerosos, que você se sinta sobrecarregado, mas repito: é só uma ilusão. Trata-se apenas de você se tornando mais consciente. Pense que, em breve, seus esforços serão amplamente recompensados.

A espécie humana está em constante desenvolvimento, como tudo mais que existe na Terra. Uma árvore cria raízes a partir de uma pequena semente enterrada no solo. Essa semente vive na escuridão, na umidade e no frio e está cercada por uma infinidade de formas de vida subterrâneas. Ainda assim, e sem saber como nem por quê, é irresistivelmente atraída para o sol e para a luz. A semente não se enterra mais profundamente no solo. Pelo contrário, ela ascende, liberta-se de sua casca, atravessa a camada de terra para avançar rumo à claridade. E, tão logo a alcança, começa a crescer para se tornar uma árvore.

O mesmo se dá com cada um de nós, mas infelizmente muitas pessoas estão presas no nível de uma pequena semente na escuridão. Não sabem que existe outra maneira de viver. Mesmo que lhes falem da luz, que lhes mostrem a luz, não conseguem enxergá-la – ou até mesmo se recusam a vê-la. Inconscientes de seu grande poder, não têm ideia de quem verdadeiramente são.

Já a pessoa que decide assumir as rédeas da própria vida se torna capaz de sair das profundezas da terra. Começa a vislumbrar a luz. Move-se em direção a ela. Quanto mais se ergue, mais sente seu calor. E quanto mais se eleva, mais é aquecida e iluminada.

Como qualquer um que se dedica a se desenvolver, você viverá momentos complicados. Todos passamos por isso. Por exemplo, pode ser difícil admitir que outras pessoas estão com a razão e que os conselhos que lhe dão são bons para você. É natural, afinal tentamos a todo custo provar que estamos certos. Mas esse é um obstáculo que você precisa superar. E vale a pena, pois quanto mais conseguimos controlar nosso ego, mais controle temos sobre nosso comportamento e as situações externas.

O desenvolvimento pessoal é como um ferimento no corpo. Para acelerar sua cura, costumamos aplicar um antisséptico que, muitas vezes, causa uma dor maior que a da ferida em si. Mas o propósito dessa dor é a cura e, de fato, em poucos minutos terá início o processo de cicatrização. O mesmo acontece quando nos voltamos para dentro, quando nos empenhamos em crescer, em nos purificar, em nos descobrir. A dor é real, mas temporária, e no fim das contas é para o nosso bem.

Se você tem uma aflição ou mesmo uma dor persistente, é sinal de que está resistindo, relutando em se entregar. Se me disser que não tem relacionamentos saudáveis, que não tem o amor que deseja, que não tem uma boa saúde nem todo o dinheiro que julga precisar, eu lhe responderei o seguinte: *Se tantas coisas não estão bem na sua vida, o que você tem a perder?* Então pare de resistir e se entregue. Pense que tem tudo a ganhar se tentar algo novo, algo diferente. Isso sem dúvida ajudará na sua evolução, e sua dor será mais leve. É nas pessoas que resistem que sempre há mais sofrimento. Quanto mais você resiste, mais o mal persiste. Quanto mais resistimos a uma situação, mais ela se repete.

Isso é algo que você mesmo já deve ter experimentado, aliás.

A resistência costuma ser maior em pessoas de temperamento mais forte. Se esse for o seu caso, você terá que trabalhar dobrado, mas a recompensa será maior também. Mas não se preocupe com isso. Apenas siga seu caminho, não desista, celebre diariamente as pequenas vitórias e, aos poucos, verá tudo mudar em sua vida.

A palavra Deus será mencionada muitas vezes ao longo deste livro, bem como algumas passagens dos ensinamentos de Jesus. Mas fique tranquilo: meu objetivo não é tratar de religião. Só existe uma religião no mundo inteiro: **amar a si mesmo e ao próximo, aceitando a si mesmo e aos outros como são**. Você é uma manifestação dessa divindade, assim como tudo que vive na Terra.

Para poder ter domínio sobre sua vida, você precisa se tornar mais consciente. Nosso nível de consciência está tão baixo que na maior parte do tempo o ser humano não sabe o que diz, faz ou pensa; ele age automaticamente. Quantas vezes ao longo do dia você reflete antes de agir ou falar?

Tudo que você percebe através dos sentidos, tudo que vê com seus olhos, tudo que escuta com seus ouvidos, é muitas vezes uma ilusão devido à interferência do seu ego. A realidade é aquilo que se dá no mundo invisível, no mundo do pensamento. Antes que qualquer coisa se torne visível, ela precisa passar pelo plano abstrato. Você já se deu conta de que nada existe na Terra sem antes ter sido imaginado, pensado ou sonhado? Esse é o grande poder que todo ser humano possui.

As entidades do mundo mineral, vegetal e animal não são capazes de criar. A única entidade na Terra verdadeiramente capaz de criar é o ser humano. Os animais podem criar um ninho ou um refúgio, mas fazem isso de maneira instintiva, apenas para continuar se reproduzindo e subsistindo como espécie. Nós atingimos um grau de consciência mais elevado que o dos outros reinos, inclusive que o das outras espécies animais. Sabemos de onde viemos e para onde vamos. Agora devemos rumar para o quinto reino, o reino do divino.

Deus é a força por trás da criação da Terra e de tudo que existe no cosmos. Sendo uma parte disso, você tem a força divina dentro de si. Para aceitar essa realidade, antes de mais nada você precisa mudar sua definição de Deus: Ele não é um personagem, é uma energia criativa que se manifesta através de você e de tudo que vive.

Até este momento você deve ter usado essa energia para criar o oposto daquilo que deseja. De agora em diante, no entanto, você vai poder criar tudo que quiser. E sabe por que não fez isso até hoje? Porque não acreditava que era possível. O grande erro do ser humano está em não aceitar esse poder.

À medida que muda sua maneira de pensar e começa a realizar coisas extraordinárias, você compreende o seguinte: *o ser humano se torna aquilo em que pensa e aquilo em que acredita.*

O pensamento é uma imagem que enviamos para o mundo invisível. Ao criar essa imagem e alimentá-la com o poder que existe dentro de si, você aos poucos lhe dá vida. Esse pensamento se nutre dos seus sentimentos e das suas emoções, e por fim você o torna visível no plano físico. Paralelamente, o cosmos também tem suas leis.

Para conseguir o que você quer, é necessário seguir algumas etapas. Comece pelo plano mental (imaginando o que você deseja), siga pelo plano emocional (sentindo como se seu desejo já tivesse se realizado), para depois chegar ao plano físico (de fato agindo). Antes de qualquer coisa, porém, você precisa se tornar consciente de que o único responsável pelo que lhe acontece é você mesmo.

Experimente aceitar a ideia de que você mesmo materializou tudo que já lhe aconteceu – de bom e de ruim – e que possui dentro de si um grande poder. Não é maravilhoso saber que você é capaz de usar sua energia e sua força para criar apenas experiências agradáveis?

Seria bastante desanimador pensar que o que ocorre em nossa vida é causado por uma influência externa. Se você está infeliz e acredita que os outros são responsáveis por isso, terá que esperá-los mudar de ideia, atitude ou comportamento para enfim ser feliz. Se está doente e continua colocando a culpa nos outros (nos médicos incompetentes, nos planos de saúde com preços exorbitantes, etc., etc.), também terá que esperar pacientemente até que os fatores externos mudem para conseguir se sentir melhor. Pretende esperar até quando? Não seria preferível você mesmo comandar a sua vida?

Pense bem: visualizar a alegria não leva mais que alguns segundos e seu corpo a sente de imediato. Também bastam poucos segundos assumindo o papel de vítima para que seu bem-estar evapore. Ficar triste, criticar, elogiar ou amar – nada disso leva mais que um instante. Está vendo? É você que, momento a momento, constrói a sua vida. Você cria a sua história a partir do que escolhe ver com os olhos físicos, quando deveria tentar ver com os olhos do coração.

Busque a beleza por trás da feiura, o amor e a boa intenção por trás da crítica. Esse é um passo importante em direção ao aprendizado. A verdadeira evolução está em tornar-se um ser espiritual. **E um ser espiritual vê e sente Deus em toda parte.** A inteligência divina quer que todos sejamos felizes. Por estarmos ingressando numa nova era, temos hoje a sorte de receber mais da ajuda necessária para viver com essa inteligência.

E o que significa uma vida inteligente? É uma vida em que manifestamos somente aquilo que nos é útil e agradável. **Amor, consciência e responsabilidade são os meios para manifestar a inteligência em nossa vida.**

Pare um pouco, olhe para dentro de si e observe: que pensamentos lhe ocorrem com mais frequência durante o dia?

Você está sempre dizendo "minha dor de cabeça", "minha dor nas costas", "meu problema"? Você dá tanta atenção, põe tanta energia nas suas mazelas que elas persistem. Consegue perceber? Nós nos tornamos aquilo que pensamos. Quando seus pensamentos não são bons para você, isso acaba resultando numa vida desagradável.

Sobre o que você conversa com seus amigos? Reclama dos problemas ou tenta achar uma solução para eles? O que faz nas suas horas de lazer? Liga a TV e assiste a programas construtivos, que enriquecem sua visão de mundo? Ou escolhe filmes que lhe causam ansiedade, medo e inveja? E o que você lê? Livros, matérias e artigos que ampliam sua consciência? Ou notícias ruins, sensacionalistas, que retratam o pior do ser humano? Lembre-se: você se torna aquilo que deixa penetrar em sua mente.

Você não está na Terra para viver na riqueza ou na pobreza, na popularidade ou no anonimato, trabalhando ou desempregado. Você está na Terra para "ser", isto é, para desenvolver sua individualidade. A maioria das pessoas está mais preocupada com sua *personalidade*, que é aquilo que se vê, aquilo que se enxerga externamente de uma pessoa. Mas, ao desenvolver sua individualidade, a "casca" de sua personalidade (ou ego) cairá e você não precisará mais se definir pelo que os outros pensam a seu respeito – e aí você será livre para ser quem é de verdade. Como mencionei no prefácio, termino cada capítulo com uma série de exercícios para reforçar os ensinamentos apresentados. Se quiser mesmo aproveitar todas as chances de melhorar sua qualidade de vida, aconselho que dedique atenção especial a eles.

EXERCÍCIOS

1. Numa folha de papel, escreva tudo que se lembra de ter feito na última semana, incluindo:

- O que você fez para si mesmo e lhe trouxe felicidade.
- Aquilo que você fez para os outros, especificando qual foi sua motivação: se fez por espontânea vontade, para não se sentir culpado ou por medo de alguma coisa.
- Todas as pessoas que você criticou ou julgou com palavras ou em pensamento e todas aquelas que fizeram ou disseram coisas que o desagradaram. Escreva também o que você gostaria que elas tivessem dito ou feito.
- Em suma, escreva tudo aquilo de que puder se lembrar.

2. Nesta etapa, sugiro que você repita a seguinte afirmação sempre que estiver sozinho com seus pensamentos e até que se sinta pronto para seguir para o segundo capítulo:

Eu sou uma manifestação de Deus, eu sou Deus,
e, portanto, posso criar tudo que desejo e
alcançar paz e força interior.

CAPÍTULO 2

CONSCIÊNCIA, SUBCONSCIENTE E SUPERCONSCIÊNCIA

Agora que você concluiu o exercício do primeiro capítulo, espero que tenha feito um exame de consciência e descoberto algumas coisas sobre si mesmo.

Provavelmente percebeu que muitas vezes age de maneira inconsciente e nem sempre se lembra do que fez, falou ou pensou ao longo de um dia. Talvez tenha feito alguma coisa para outra pessoa sem se perguntar se queria mesmo fazer ou se aquilo de fato atendia às necessidades dela. Não se preocupe.

Estima-se que o ser humano é em média 90% inconsciente e 10% consciente daquilo que faz, diz, pensa e sente. Quem diria, não é mesmo? Isso significa que você passa 90% do seu tempo agindo, falando e pensando mecanicamente e mal tendo consciência do que está sentindo. Vamos juntos tentar mudar seu estado de consciência, porque é fundamental você estar desperto para criar aquilo que deseja ter e fazer, e também para se adequar ao tipo de pessoa que quer se tornar.

A parte da sua mente denominada *subconsciente* afeta de maneira direta a região do plexo solar, situada entre o umbigo e a zona do coração. O que está gravado em seu subconsciente reage às suas emoções, que, por sua vez, influenciam o modo como você age.

Dizem que seu subconsciente pode registrar até 10 mil mensagens por dia se você for uma pessoa ativa e viver numa cidade grande. É como um computador potente dentro do seu corpo, registrando tudo que acontece em sua vida. Desde o momento de sua concepção, ou seja, nove meses antes de você nascer, tudo que foi dito, visto, ouvido e percebido por seus sentidos ficou gravado, mesmo que você não tenha consciência disso.

Eis um exemplo do que seu subconsciente é capaz de fazer: enquanto você está indo para o trabalho, ele capta todas as placas de trânsito, os outdoors, os transeuntes, os nomes das ruas, as cores, os sons e até os cheiros... enfim, tudo que é captado pelos seus sentidos. Seu subconsciente realiza esse trabalho à sua total revelia, já que seu nível de consciência ainda não é suficientemente elevado para assimilar tudo à sua volta. O subconsciente existe para preservar sua saúde mental! É um pouco como uma válvula de escape.

O subconsciente é uma parte sua que não raciocina. Ele apenas coleta e incorpora tudo, como um computador incorpora dados. Sem questionar. É como uma calculadora: se você digita 3 × 4 quando sua intenção era digitar 4 × 4, ela inevitavelmente responderá 12, já que não tem como adivinhar seu equívoco. Ela recebe as instruções tais como lhe são dadas. O seu subconsciente efetua exatamente o mesmo trabalho. Registra tudo que penetra nele e depois impele você a agir de determinada maneira, influenciando seus pensamentos sem você perceber. Quantas vezes você passou pelo mesmo anúncio de uma nova marca de sabão e depois passou a usá-la sem nem se dar conta? Você se deixou hipnotizar. Seu subconsciente captou a mensagem e, de repente, manifestou-se o desejo de experimentar aquela nova marca de sabão.

As pessoas não têm noção da quantidade de elementos que captam e de quão influenciadas são por essas mensagens. Por isso é importante ficar mais atento ao que deixa penetrar em seu subconsciente. Ele está a seu serviço. Desconhece o bem e o mal. Não distingue o que é bom ou ruim para você. Apenas cumpre instruções e fornece os resultados de tudo que lhe é transmitido.

Assim, se você cultiva continuamente o medo ou está rodeado de pessoas cujas conversas costumam enfocar medos ou coisas negativas, reagirá com base nisso. Seus pensamentos negativos são registrados por seu subconsciente e este, inevitavelmente, os devolve para você. Então mais uma vez você se vê às voltas com pensamentos negativos. Seu subconsciente torna a captá-los e os remete de novo para você... É um círculo vicioso.

Você sabia que pode ficar cheio de dúvidas e preocupações pelo simples fato de estar com um rádio ligado no carro ou em casa? Você cuida de seus afazeres e acha que não está prestando atenção, mas tudo que esse rádio transmite penetra sutilmente no seu subconsciente.

Só que este sempre trabalha a partir da última mensagem recebida. Assim, suponhamos que seu subconsciente seja um motorista de táxi e seu pensamento seja você, o passageiro. Você pede ao taxista que o leve à rua das Flores, 8.662. Ele se dirige para o endereço indicado. Fará todo o possível para cumprir a ordem dada. Minutos mais tarde, porém, você percebe que o endereço estava errado. O nome da rua é São José, não rua das Flores. O taxista muda de rota de modo a chegar ao novo destino. Tal como o motorista de táxi, seu subconsciente executa a última mensagem que recebeu.

Cito esse exemplo para você perceber que, se passar a vida mudando seu pensamento, seu subconsciente vai ficar confuso e já não saberá o que fazer nem a quem obedecer, exatamente como o taxista que, após dez mudanças de endereço, com certeza vai perder a paciência e exclamar: *Ora, decida-se! Para onde quer ir, afinal?*

Agora que você tem uma boa ideia do poder do subconsciente, por que não usá-lo para fazer acontecer na sua vida aquilo que quer? Se você lhe transmitir a mesma mensagem regularmente, ele lhe trará situações, pessoas e eventos que vão guiá-lo pelo caminho que você deseja seguir até o "lugar" aonde você deseja chegar.

Digamos que queira se mudar no próximo ano para uma bela casa à beira-mar. Muito bem. Você começa a pensar nessa casa: você a imagina, visualiza, pode até sentir a felicidade de já estar dentro dela, de sentir o frescor da maresia. É importante que saiba que seu subconsciente age com muito mais eficácia quando dispõe de imagens.

Então imagine essa casa em detalhes, pense nela todos os dias e aja de acordo com esse sonho.

É como seu motorista de táxi. Indique a ele um endereço, não mude de ideia, acomode-se no carro e deixe-se levar ao lugar desejado. E você chegará lá. O taxista vai conduzi-lo para onde você quer ir, não importa por qual motivo nem por qual estrada. Faça o mesmo com o seu subconsciente. Dê-lhe uma ordem, deixe-se conduzir e espere chegar ao destino.

O importante é não se desviar da sua ideia inicial nem mudá-la a todo instante. Não se deixe influenciar pela opinião dos outros. Se você revelar suas intenções, será bombardeado por reações externas: *Como vai conseguir uma casa como essa? Acha que consegue juntar dinheiro para isso?* Então as dúvidas vão aparecer e você vai começar a pensar demais: *Acho que estou me precipitando, talvez devesse esperar mais um ano.*

E pronto! Ao mudar de ideia, você mudou a ordem dada ao seu subconsciente. Ele registrou o seu último pensamento: o de não querer a casa naquele momento. Por outro lado, se no dia seguinte você voltar a pensar nos seus planos e perceber que realmente deseja uma casa, seu subconsciente retomará automaticamente o seu trabalho. Os seres humanos mudam de ideia com demasiada frequência. A concentração é uma habilidade que deve ser adquirida e cultivada.

Então por que não usar seu subconsciente a seu favor, já que ele é uma força tão poderosa? Comece desde já a visualizar o que você quer ser, fazer e ter em sua vida. Você quer ter amor ao seu redor? Quer se entender melhor com seus filhos? Com seus amigos? Com sua família? Quer conseguir o emprego dos seus sonhos? Vá preenchendo a lista. Seu subconsciente pode fazer tudo isso se concretizar. Basta saber utilizá-lo. Se não gosta do seu trabalho, pare um pouco e se imagine contando uma novidade incrível a seus amigos: *Acabo de conseguir um emprego fantástico! Estou tão feliz!* Sinta verdadeiramente esse entusiasmo dentro de si.

Mas atenção: se você começar a racionalizar demais e exigir do seu subconsciente um emprego específico com tal salário, tal chefe, em tal lugar, etc., vai tornar tudo mais difícil. Portanto, se quiser obter algo bem específico, evite controlar demais o processo. Melhor não dizer ao motorista de táxi quais ruas ele deve pegar. Do contrário, a corrida pode se tornar mais longa, mais cansativa e mais cara.

Trata-se simplesmente de confiar no seu subconsciente. Ele está ligado à sua "superconsciência", que possui imensos poderes. Diga ao seu subconsciente qual é o seu objetivo sem listar todos os detalhes para chegar lá.

Você quer encontrar um novo amor? É desnecessário especificar a altura, a cor dos olhos, a profissão ou pedir que a pessoa não ronque nem use dentadura. Isso iria limitar suas chances. Sempre haverá alguém que atenda aos seus critérios. Mas e quanto aos aspectos mais subjetivos? Melhor seria imaginar-se ao lado dessa pessoa sem necessariamente descrevê-la em detalhes. Deseje que ela seja incrível, que ajude você a crescer e a cumprir seus propósitos de vida. Pode ser que você encontre a companhia ideal em alguém cuja aparência nunca chamaria a sua atenção.

Já ouvi dizer que numa grande cidade como Montreal pode haver pelo menos 3.500 pessoas compatíveis conosco no plano amoroso. Então não há mesmo com que se preocupar, certo?

É muito importante que você não se esqueça dessa parte sua chamada *superconsciência*. Ela constitui o seu lado divino e conhece todas as suas vidas passadas e futuras, bem como o seu plano de vida. Ela é o guia que sabe exatamente que caminho você deve seguir para alcançar sua perfeição divina.

Assim, quando você acredita que tem uma necessidade real e transmite essa ordem ao seu subconsciente, é imperativo se lembrar primeiro de consultar sua superconsciência para saber se o que deseja é realmente benéfico. Se não for, você receberá uma mensagem indicando que seria melhor desejar outra coisa. Esse novo desejo será, inclusive, ainda mais forte que o primeiro.

Voltemos ao exemplo da casa à beira-mar. Caso ela não corresponda ao que lhe é mais benéfico neste momento e você estiver aberto a ouvir o que sua superconsciência tem a dizer, você receberá uma mensagem ao longo das semanas seguintes. Para tanto, deverá estar atento ao que está sentindo. **Seu Deus interior lhe fala sobretudo através dos seus sentimentos. O que você sente é bem mais importante do que aquilo que pensa.** Caso outro desejo se manifeste e você fique indeciso, verifique como se sente em relação a cada um. Qual dos dois produz um verdadeiro alvoroço dentro de si? Quando isso estiver claro, será fácil decidir. *É isso que eu quero agora... e não a casa.* A partir daí você vai perceber e entender o que está de fato obtendo através da mensagem.

É muito reconfortante saber que você tem dentro de si essa força extraordinária e diretamente ligada ao poder universal, ao cosmos inteiro, à superconsciência de cada um de nós nesta Terra, da mesma forma que cada célula do corpo humano é ligada a todas as outras.

Sua superconsciência está sempre presente para guiá-lo e apoiá-lo 24 horas por dia. Dê um nome a ela. Quando você aprender a falar consigo mesmo e se conectar com sua superconsciência, terá a impressão de estar falando com uma grande amiga. A escolha do nome fica a seu critério, mas costumo sugerir que as pessoas escolham uma palavra que não se confunda com nenhuma outra nem esteja atrelada a nenhuma lembrança. Você pode embaralhar as letras da palavra "AMOR" e chamá-la de "ORMA", por exemplo. Converse com a sua superconsciência, torne-se amigo dela. Você terá alguém muito poderoso com quem se abrir e nunca mais estará sozinho.

Esse grande poder que há dentro de si sabe exatamente o que lhe é benéfico. E, se você pensar, disser ou fizer algo que vá de encontro a esse grande poder interior, sua superconsciência com certeza lhe enviará uma mensagem por meio do seu subconsciente. Essa mensagem fará você perceber que está no caminho errado.

Não é maravilhoso? Você agora é seu próprio terapeuta. Pode conduzir sua vida como bem desejar e receberá sinais sempre que der um passo em falso ou fizer algo de forma inconsciente. Você não precisa mais se preocupar, pensar e repensar, analisar demais antes de tomar uma decisão. Seu grande poder interior estará sempre presente para fazer isso por você. Está aí uma excelente maneira de pôr de lado nossa razão, nossos pensamentos e aceitar que temos em nós uma força que nos guia constantemente em nossas decisões.

É o que chamamos de **entrega**.

Eis diferentes mensagens que sua superconsciência pode lhe enviar para avisar que há algo nocivo acontecendo na sua vida: emoções exacerbadas (especialmente medo, culpa e raiva), mal-estar, doenças, falta de energia, variações de peso, acidentes, vícios, consumo excessivo de álcool ou drogas, problemas para dormir, etc.

Você agora sabe que foi criado à imagem de Deus, isto é, à imagem da perfeição. **Você é o mais perfeito possível a cada momento.** Toda vez que acontece algo que vai de encontro aos seus desejos e necessidades, você sofre. Isso é Deus, em sua perfeição, lhe enviando uma mensagem para indicar que você não está no caminho certo, ou seja, no caminho do amor. Essa mensagem não chama sua atenção apenas para a dor que vivencia no mundo exterior, mas também para a sua forma equivocada de pensar – para o que se passa dentro de si.

Deus nos deu o livre-arbítrio e nos deixou livres para cometermos erros, para vivermos nossas experiências como bem quisermos. Essa é outra razão pela qual acontecem tantas coisas desagradáveis conosco. Usamos mal nosso poder de escolha.

Deus o ama como um pai ama seu filho: incondicionalmente. Quando um filho quer sair de casa muito jovem e conquistar independência, os pais normalmente se opõem, sobrepondo a própria visão de mundo às necessidades do filho. Mas o amor verdadeiro é capaz de convencer esses pais a deixar o filho partir para a sua aventura – mesmo que não achem boa ideia –, porque assim ele poderá viver as próprias experiências e ter os próprios aprendizados.

Isso é exatamente o que Deus faz conosco. Ele está presente dentro de cada um de nós. Vê tudo que se passa, mas nos deixa livres para escolhermos o que convém ou não. Quando você age contra as grandes leis da vida, Deus lhe envia uma mensagem por meio de sua superconsciência. Cabe a você, com seu livre-arbítrio, fazer com ela o que achar melhor.

Quando precisar lidar com um acidente, uma doença ou uma emoção difícil, aceite a situação em vez de se enfurecer e agradeça a seu Deus interior pela mensagem. Revoltar-se só vai piorar a situação. Observe-se objetivamente, ciente de estar vivendo uma experiência visando a aprender mais sobre si mesmo. Procure entender o que Ele está tentando lhe mostrar. Isso vai libertar você; vai ajudá-lo a estar em harmonia consigo mesmo e a alcançar a paz interior, por mais difícil que seja a situação.

Estou certa de que, a partir de hoje, você quer se tornar muito mais consciente e aprender a ter domínio sobre a sua vida. Basta entender as mensagens e agir de acordo com elas.

EXERCÍCIOS

1. Antes de passar para o capítulo seguinte, escreva numa folha de papel tudo que já esteve guardado na sua memória graças ao poder do subconsciente e acabou acontecendo na sua vida. Você provavelmente não sabia que certos eventos e situações tinham sido provocados dessa forma. Tente recordar todos esses elementos, sejam eles agradáveis ou não. Pode ser um medo que você sentiu e, curiosamente, se concretizou pouco tempo depois. Pode ser um sonho antigo que acabou virando realidade. Sem se dar conta, você estava programando o seu subconsciente. A ideia é que você comece a ganhar consciência dessa força que sempre existiu dentro de si, embora passasse despercebida.

2. Em seguida, visualize algo que você queira que aconteça nos próximos dias. Pode ser algo pequeno, nada de muito complicado, mas que seja realmente importante para você. Reserve alguns momentos do seu dia para pensar no objeto do seu desejo, visualizá-lo e senti-lo como se já tivesse se realizado. Faça esse teste e perceba o poder que possui para conquistar aquilo que quer. É importante que saiba que o subconsciente desconhece a noção de passado e futuro. Se você disser "Um dia eu terei tal coisa", ele não vai entender. Só é capaz de

compreender a imagem desejada no aqui e agora: "Eu tenho" ou "Eu sou". Daí a importância de você já se imaginar tendo/sendo aquilo que deseja.

3. Continue lendo e relendo este capítulo até que seu desejo se realize.

4. Eis a afirmação que você deve repetir o mais frequentemente possível, de preferência todos os dias, até passar para o capítulo seguinte:

Eu agora vejo o meu corpo como meu maior amigo e guia na Terra, e estou reaprendendo a respeitá-lo, aceitá-lo e amá-lo como ele merece.

CAPÍTULO 3

COMPROMISSO E RESPONSABILIDADE

É muito importante compreender a diferença entre compromisso e responsabilidade. O dicionário define a palavra "responsabilidade" como obrigação moral de sustentar as consequências de nossas escolhas.

Você certamente há de concordar comigo que em muitas ocasiões sofremos as consequências das escolhas dos outros. Se alguém do nosso convívio, por alguma razão, se sente infeliz, nos sentimos mal, quando não culpados; tentamos ajudar essa pessoa ou fazê-la se sentir melhor. Isso não caracteriza o verdadeiro senso de responsabilidade do ser humano.

Nossa ÚNICA responsabilidade na Terra é nossa evolução. Em outras palavras, é nossa capacidade de fazer escolhas, tomar decisões e arcar com as consequências.

Você é responsável por sua vida desde o instante em que nasce. Isso pode lhe parecer inacreditável, mas você escolheu os seus pais, seu ambiente familiar e social, e até mesmo o seu país, e tudo isso faz parte da noção de responsabilidade.

Enquanto houver alguma resistência a aceitar sua responsabilidade, você não terá como transformar os acontecimentos de sua vida. Você precisa compreender e aceitar que é o único e exclusivo responsável por sua história. Se não gosta do resultado de suas decisões, basta mudá-las. Só você pode criar seu caminho. Sua grande responsabilidade é consigo mesmo. Assim, reconhecer e aceitar que os outros são igualmente responsáveis pela vida *deles* é apenas uma dedução lógica.

O maior presente que um pai ou uma mãe pode dar a seus filhos é ensinar-lhes a noção de responsabilidade o mais cedo possível. Por exemplo, se uma criança acorda de manhã, resolve não ir à escola porque não está com vontade e pede à mãe que escreva um bilhete declarando que ela está doente, essa criança está tomando uma decisão sem querer arcar com as consequências. Nesse caso, uma mãe responsável escreveria no bilhete: *Meu filho não quer ir à escola hoje porque está com preguiça.* É claro que a criança ficaria zangada, mas bastaria à mãe retrucar: *Foi você quem tomou essa decisão. Por que eu deveria mentir e me colocar numa situação incômoda? Você tem que assumir suas decisões e arcar com as consequências!*

A reação da mãe poderia culminar numa conversa com o filho sobre os motivos de ele não querer ir à escola, por exemplo.

Outro cenário: uma criança quer ir brincar lá fora sem se agasalhar devidamente, sendo que o tempo está bastante frio. A mãe sugere que o filho vista um casaco. Ele se recusa. Ela pode então proibi-lo de sair. Pode também deixá-lo ir, explicando as possíveis consequências. Se essa mãe aceitar que a criança tem inteira responsabilidade sobre as próprias escolhas e disser *Se você acha que não vai sentir frio, tudo bem. Mas, se sentir, entre depressa para vestir um agasalho*, o filho provavelmente mudará sua atitude. Se ele entender que a escolha é dele – e não uma imposição da mãe –, assim que começar a sentir frio vai entrar e pegar um casaco. Muitas vezes a criança faz o contrário do que necessita apenas para desafiar os pais!

E muitos pais, por sua vez, se queixam de ter falhado porque seus filhos não seguiram o rumo esperado. Ou porque seus filhos usam drogas, ou porque se tornaram ladrões e acabaram na prisão. Esses pais têm todos os motivos para se sentirem infelizes. Afinal, assumem a responsabilidade pelas decisões e escolhas de outra pessoa. Sentem-se infelizes e vivem emoções opressoras porque agem contra as grandes leis da vida, contra a ordem das coisas.

Lamentavelmente, esse tipo de atitude é comum em nossa vida. Continuamos a criar grandes expectativas em relação às pessoas que nos rodeiam e a achar que somos responsáveis por elas. Pensamos que, se elas estão infelizes, devemos nos esquecer de nós mesmos por um tempo e fazer de tudo para ajudá-las. Isso quando não nos convencemos de que elas estão mal por nossa culpa. Só que essa atitude não é baseada no amor, e sim no ego. Ela nos impede de ouvir nosso coração e de levar em consideração a lei da responsabilidade.

Sempre que agimos contra essa lei, provocamos reações que se manifestam por emoções – como medo ou culpa, por exemplo –, que podem ser fontes de distúrbios e doenças. Grandes leis foram estabelecidas para gerir a Terra: leis físicas, cósmicas, psíquicas e espirituais. Se uma pessoa resolve tomar um copo de veneno porque "parece água, então não deve fazer mal", seu corpo inevitavelmente sofrerá os efeitos dessa escolha. Ela infringiu uma lei física. Acreditar ou não em uma verdade não muda essa verdade.

A grande lei da responsabilidade faz parte da lei do amor e da inteligência. Essa grande lei espiritual toca a alma no nível mais profundo do ser. Cada indivíduo no planeta é responsável por si mesmo, por aquilo que É, aquilo que FAZ e aquilo que TEM.

Sentir-se responsável pela felicidade ou infelicidade alheia sempre traz uma consequência, um sentimento de culpa. Se você se identificou com isso, se é uma pessoa hipersensível que se acha responsável por tudo que acontece com os outros, especialmente com os que lhe são próximos, sabe quanto isso traz desconforto e tristeza. Sem contar que essa atitude só leva você a criar expectativas em relação aos outros. Quando movemos mundos e fundos por outras pessoas, é claro que esperamos que elas façam o mesmo por nós. Se elas não retribuem esse gesto, sentimos decepção, raiva e frustração.

Os pais que você escolheu têm algo para lhe ensinar. E, enquanto você não aceitar isso, estará abrindo a porta para inúmeras situações desagradáveis. Se você tem filhos, é porque consciente ou inconscientemente os escolheu: não para conduzir a vida no lugar deles, mas para orientá-los – sem tentar controlá-los – e aprender com eles. Toda pessoa ou situação que se apresenta em seu caminho está aí para lhe trazer alguma coisa, para permitir que você evolua. Por isso é tão importante ensinar às crianças o mais cedo possível que elas são responsáveis por suas escolhas.

Se seu filho anunciar que está largando os estudos porque não tem mais vontade de estudar ou porque não gosta do que está aprendendo na escola, sugiro que você responda: *Você sabe o que pode acontecer se abandonar os estudos? Pensou bem em todas as consequências possíveis? Está preparado, por exemplo, para aceitar o fato de que provavelmente terá que trabalhar onde puder e não onde quiser? Está preparado para lidar com isso?* Caso ele responda que sim e essa for realmente uma escolha pessoal, o melhor a fazer é deixá-lo seguir em frente e permitir que viva as próprias experiências. Do contrário, ele fará tudo que puder para desafiar você. Os pais podem orientar ou aconselhar um filho, mas devem deixá-lo decidir se vai ou não seguir seus conselhos.

Se você tem filhos pequenos ou pretende tê-los, certamente vai achar incômoda essa noção de responsabilidade, segundo a qual cada um é responsável por si mesmo. Talvez se sinta tentado a retrucar: *Essa ideia de responsabilidade é muito bonita, mas não posso deixar meus filhos entregues a si mesmos. Sou responsável por eles. Sem contar que sou eu que vou sofrer as consequências caso meu* filho não consiga um emprego, por exemplo. Deixá-lo na rua sem dinheiro está fora de cogitação!

Sua única responsabilidade enquanto pai ou mãe, contudo, consiste em amar e orientar seus filhos. Pense em você quando era menor. Aposto que não tinha todos os brinquedos que queria nem tudo que desejava. Mas saber que seus pais o amavam profundamente e que você vivia num ambiente amoroso não era o que mais lhe importava? Tudo que qualquer pessoa deseja na Terra é viver o amor. Isso é o que todo mundo almeja, ainda que nem sempre tenha consciência disso.

Ninguém veio à Terra com o propósito de ser responsável pela felicidade ou infelicidade de outro indivíduo. Você não é responsável pela felicidade ou infelicidade do seu pai, da sua mãe ou dos seus filhos, assim como do seu parceiro ou parceira, dos seus amigos, dos colegas de trabalho, etc.

De certa forma, você enxerga nas pessoas aquilo que você é. Os outros agem com você da mesma forma que você age consigo mesmo. Você tem consciência disso?

Tomemos o exemplo de uma pessoa que vive criticando você. Nada nunca está bom para ela e, não importa o que você diga, ela jamais parece concordar. Quando você a julga como uma pessoa crítica, ela julga e critica você de volta, pois foi isso que você decidiu sobre ela. Ela está na sua vida para lhe mostrar quanto você critica a si mesmo. Já outra pessoa pode gostar muito dela e enxergar apenas franqueza e honestidade. Esse mesmo alguém que é muito crítico com você se torna extremamente gentil com quem o vê com outros olhos: pode até continuar opinando, mas com um julgamento bem menos crítico.

Suas vibrações fazem com que os outros adotem com você determinada atitude e não outra. Elas são uma espécie de guia para ajudar você a tomar consciência do que se passa no seu interior.

Ao transformar sua maneira de pensar, você terá a impressão

de que as pessoas à sua volta também mudaram. Mas elas permanecem as mesmas. É que, ao mudar sua forma de pensar, você evidencia outro aspecto de quem elas são.

Percebe até onde a noção de responsabilidade nos leva? É por isso que você deve tomar consciência daquilo que é, diz e faz. Comece desde já a pôr essa noção em prática na sua vida.

Em resumo, uma pessoa responsável é aquela que tem consciência de estar constantemente construindo a própria vida de acordo com suas escolhas, decisões, ações e reações. E ela também sabe que os outros, da mesma forma, são responsáveis pelas próprias escolhas, decisões, ações e reações.

Como saber se você é uma pessoa responsável? Verificando se você assume as consequências dos seus atos e, sobretudo, se deixa que os outros assumam as deles também.

As pessoas que se sentem responsáveis pela felicidade dos outros costumam ter dificuldade de distinguir responsabilidade de compromisso. Julgam estar comprometidas, quando na realidade não estão. A responsabilidade se situa no nível do SER, ao passo que o compromisso se situa no nível do FAZER e do TER. Não podemos nos comprometer a "ser" alguma coisa, pois isso nos exigiria um controle que não temos.

E o que é um **compromisso**? É o ato de ligar-se a alguém por uma promessa ou contrato, verbalmente ou por escrito, assim como um funcionário assume com o patrão o compromisso de trabalhar de tal a tal hora, cumprir tal função e receber tal salário em troca. Isso é um compromisso.

Os filhos representam um compromisso para os pais, não uma responsabilidade. Quando se decide ter filhos, assume-se o compromisso de mantê-los e sustentá-los até que estejam aptos a prover o próprio sustento, ou seja, até a maioridade prescrita pela lei de cada país. O fato de eles terem roupa, comida e um teto para morar faz parte do compromisso. Mas isso não significa dar-lhes tudo que eles querem. O compromisso é lhes fornecer ao menos o necessário. Se um pai ou mãe deseja dar mais que isso, deve fazer por opção, não por se sentir obrigado. O extra não faz parte do compromisso. O mesmo vale para o funcionário que se compromete a fazer um favor para seu patrão. Se quiser fazer mais que o combinado, perfeito, mas também será por escolha. O que realmente importa é manter o compromisso original.

Os pais não têm como assumir o compromisso de garantir que o filho seja feliz, gentil, educado ou saudável. Isso é da responsabilidade da criança.

Quando você assume um compromisso, é importante cumpri-lo, uma vez que existe outra grande lei natural na vida: "Você colhe aquilo que planta." De fato, se você não cumpre o que prometeu aos outros, só pode esperar que eles façam o mesmo!

Você não pode se desobrigar de uma responsabilidade, pois ela lhe pertence. Mas pode se desobrigar de um compromisso previamente assumido, tendo em conta as eventuais consequências dessa decisão. Muitas pessoas passam a vida descumprindo compromissos ou se esquecendo deles sem ligar para as consequências. Se você fizer isso repetidamente, causará muitos problemas às suas relações com os outros. Não esqueça que você colhe aquilo que semeia. Portanto, antes de tomar uma decisão, pare um pouco e se pergunte: *Quanto isso vai me custar em termos de relacionamento, saúde, felicidade, vida amorosa, etc.?* Se a situação não for grave, se o custo for mínimo e, principalmente, se você estiver disposto a enfrentar as consequências, então não haverá, por assim dizer, mais que um leve preço a pagar.

Às vezes combinamos de nos encontrar com alguém para um passeio ou para algum trabalho, mas nesse meio-tempo surge uma tarefa mais importante para nós. Você é do tipo que não ousa desmarcar um compromisso por medo de magoar as pessoas, do que vão dizer, de ser criticado ou julgado? Você se vê o tempo todo tendo que fazer coisas que não quer, só porque disse que faria? Muitas vezes nos comprometemos depressa demais, sem pensar, e nos arrependemos depois. Se for o seu caso, não hesite em se desobrigar.

Não é tão difícil assim telefonar ou mandar uma mensagem para alguém e dizer que mudou de ideia. Seja honesto e verdadeiro: *Sei que disse que faria isso, mas será que podíamos cancelar? Eu me comprometi sem pensar direito.* Você nem precisa dar um monte de explicações para se justificar.

Isso também vale na sua relação consigo mesmo. Por exemplo, você decide que vai fazer exercícios físicos diariamente. Você se faz essa promessa. Corre tudo muito bem nos primeiros dias, mas aos poucos você começa a descumprir o prometido – por falta de tempo, por cansaço, por esquecimento... Até que acontece o inevitável: você o abandona de vez. Então se sente culpado e insatisfeito, se recriminando por sempre começar as coisas e depois não ir até o fim. Você se compara com os outros e se pergunta se algum dia será capaz de mudar.

Para não se sentir ainda pior, seria preferível dizer a si mesmo: *Assumi o compromisso de me exercitar todos os dias, mas mudei de ideia por enquanto. Eu me comprometi depressa demais. No momento estou sem tempo para isso, mas vou retomar mais adiante.* Assim você afasta o sentimento de culpa. Nada impede que assuma outro compromisso mais flexível, como se exercitar três vezes por semana em vez de todos os dias. Mas cuidado! Se ficar se desobrigando o tempo todo, vai acabar colhendo o que semeou: os outros também vão se eximir do que combinaram com você. Está disposto a pagar o preço?

Quando você decide viver com alguém, é fundamental que saiba se comprometer. Se está pensando em morar com uma, duas ou mais pessoas sob o mesmo teto, seria interessante que todos assumissem um compromisso conjunto para definir como viver essa experiência coletiva de forma harmoniosa e justa. Quem vai fazer o quê?

Imaginemos um jovem casal que decide se casar ou morar junto. No início vai tudo às mil maravilhas, até perceberem que não há ninguém designado para fazer compras, limpar o banheiro, lavar a louça, tirar o lixo, fazer faxina, administrar o orçamento, etc. Quando se vive junto, é importante saber assumir compromissos. Em casa, assim como no ambiente de trabalho, é preciso que cada um tenha as próprias tarefas bem definidas. Se duas pessoas contribuem para sujar a casa, ambas devem se organizar para limpá-la.

O ideal seria que todos os envolvidos se reunissem em torno de uma mesa e listassem as tarefas domésticas a serem executadas, definindo qual deve ser feita por quem. Caso alguém um dia não possa cumprir o combinado, é recomendável acertar previamente uma substituição. Essa é uma excelente maneira de melhorar as relações de convivência: saber assumir compromissos, saber se isentar deles e prever as consequências caso o acordo não seja mantido. O mesmo vale para um casal que tenha filhos: como cada um vai contribuir para a educação e o desenvolvimento das crianças?

A grande vantagem de assumir compromissos claros e precisos é que isso direciona seu futuro em todas as áreas. Saber se comprometer evita, sobretudo, que você crie falsas expectativas e vivencie emoções desagradáveis.

EXERCÍCIOS

1. Tente identificar na sua vida atual alguém que se sinta responsável pelo que acontece com você. Reflita sobre a responsabilidade que deveria ser sua e, se for o caso, procure entrar em contato com essa pessoa para esclarecer a situação.

2. Identifique alguém por quem você se sinta responsável. Aceite que essa pessoa é responsável pela própria vida e por suas escolhas, decisões e reações. Entre em contato com ela e esclareça a situação.

3. Agora escreva numa folha de papel pelo menos cinco compromissos que você assumiu neste último ano. Você consegue cumprir todos eles? É capaz de se desobrigar de vez em quando? Você vai perceber que se força a fazer pelos outros muita coisa que não tem a mínima vontade de fazer. De novo, esclareça a situação com cada uma dessas pessoas.

4. Repita esta afirmação o mais frequentemente possível antes de passar para o capítulo seguinte:

> Sou o único responsável pela minha vida e, por isso, deixo que meus entes queridos também se responsabilizem pela deles.

CAPÍTULO 4
AMOR E POSSE

AMOR. Que bela palavra! Poderíamos nos demorar muito tempo nesse assunto. Trabalhei com milhares de pessoas por mais de 45 anos, e a maioria estava convencida de que sabia amar. Algumas até lamentavam que os outros não soubessem amar tão bem quanto elas.

E você? Acha que ama da maneira certa? Ama seus filhos? Seu parceiro ou parceira? Seus pais? Sua família? Seus amigos? Tenho certeza de que está respondendo sim a cada uma dessas perguntas. Mas será que não há certa insatisfação querendo vir à tona? Talvez você se sinta inclinado a dizer: *Sim, eu os amo, mas... parece que meus relacionamentos muitas vezes não são como eu gostaria que fossem. Queria tanto poder mudar algumas coisas, mas o quê, e como?*

Isso é, de fato, o que diz a maioria das pessoas. Elas começam a perceber que essa insatisfação existe há muito tempo e pressentem que deve haver algo melhor em algum lugar. A grande lei do amor é a lei natural e espiritual mais importante para nossa felicidade na Terra. Ela realiza feitos extraordinários, mas para isso você precisa praticá-la regularmente.

E o que é, afinal, o grande e verdadeiro AMOR, aquele sentimento pleno e incondicional que vem do coração? Neste capítulo eu me refiro sobretudo ao amor ao próximo, que é o meio ideal de percebermos como amamos a nós mesmos. Amamos os outros da mesma maneira, e na mesma medida, que nos amamos. Amar verdadeiramente é, portanto:

1. respeitar seu espaço e o espaço do outro;
2. dar a si mesmo, assim como aos outros, o direito de ter as próprias necessidades, crenças, feridas, limites, desejos, medos, forças e fraquezas, sem julgamento nem culpa;
3. orientar e guiar sem expectativas;
4. dar pelo prazer de dar, sem esperar nada em troca;
5. aceitar e reconhecer, mesmo sem estar de acordo e sem entender racionalmente.

A partir de hoje, sua nova tarefa de vida será aprender a amar com o coração. Até agora, a especialidade de todos nós tem sido amar com a cabeça. Você já deve ter notado isso, pois acontece com a maioria das pessoas. Pensamos que amar é tentar convencer o outro daquilo que ele "deveria" fazer para ser feliz. Queremos mudar o outro para evitar que ele cometa os mesmos erros que nós. Achamos que, se ele mudasse sua maneira de ser, agir, pensar ou falar, sua vida seria melhor. Cuidado com essa atitude, pois o que se passa na vida dos outros não é da sua conta. Lembre-se: você está aqui para viver a sua evolução, não a evolução alheia.

Estamos constantemente analisando e julgando o comportamento dos outros, pois nutrimos incessantes expectativas em relação a eles. Tudo isso não passa, no fundo, de amor possessivo, que vem da mente. Repito: o verdadeiro amor – aquele que vem do coração – significa dar ou orientar sem ter expectativas. Quantas vezes não soubemos amar! E, por causa disso, quantas vezes nos perguntamos o que havia de errado com a nossa vida!

Uma senhora me contou, certa vez, que seu marido chegou em casa uma noite anunciando que estava pensando em criar uma pequena horta no quintal naquele ano. O diálogo teria acontecido mais ou menos assim:

– Querida, estou querendo plantar uma horta. Assim sempre teremos verduras frescas. Sinto que esse projeto vai me fazer muito bem.

– Isso é loucura! – exclamou a esposa. – Você já trabalha demais, costuma chegar em casa depois das oito. Nunca vai ter tempo de cuidar de uma horta.

– Mas eu quero muito ter uma horta, de verdade – retrucou ele. – Se não tiver tempo para cuidar dela, posso pedir ao nosso filho que cuide por mim.

– Ora, você sabe como é o nosso garoto. Nunca pudemos contar com ele quando precisamos. O que você vai fazer, então? Está vendo o problema? Você não tem tempo. Será apenas mais trabalho para você e, além disso, se não der conta, vou me sentir na obrigação de cuidar da horta, e não tenho vontade nenhuma de fazer isso.

De tanto a esposa argumentar, o marido se deu por vencido e resolveu desistir do projeto. Ela passou o resto da noite com um sentimento de insatisfação e culpa. Ele ficou em silêncio no seu canto, imóvel diante da televisão. Ela começou a comer bobagens para aplacar as emoções, sabendo que o marido estava de mau humor por ter sido obrigado a mudar de ideia.

Não há dúvida de que a esposa agiu assim porque o amava, só que não da maneira certa. Percebemos sua boa intenção quando tenta evitar uma sobrecarga de trabalho, só que ela não respeita a escolha do marido. Isso é um exemplo de **amar com a cabeça**. Se ela o amasse com o coração, teria exposto seus receios e dito por fim: "Querido, plante a sua horta, se isso vai fazê-lo feliz." Se ele de fato não tivesse tempo, em que isso afetaria a vida dela se a horta caísse no abandono ao fim de algumas semanas?

Amar incondicionalmente é aceitar os desejos dos outros, mesmo quando a gente não compreende ou não concorda com eles! É muito possível que aquele marido tivesse dado um jeito de chegar mais cedo em casa só para poder se divertir na sua horta e acompanhar o crescimento das verduras. Caso viesse a negligenciá-la, seja por falta de paciência ou de tempo, teria ao menos a satisfação de fazer o que queria durante alguns dias.

Eu poderia citar muitos exemplos como esse. Amar é respeitar o espaço do outro. Sempre que tentamos comandar uma pessoa, mudar ou controlar suas atitudes e palavras, seus pensamentos e reações, estamos invadindo seu espaço. Quando ocupa o espaço do outro, você inevitavelmente perde o seu também. Com os espaços assim embaralhados, ambos acabam vivendo sufocados pela energia um do outro.

Tudo que existe na Terra precisa ter o próprio espaço para crescer e se desenvolver. Se, por exemplo, tentássemos cultivar cinco ou seis árvores no mesmo lugar, no mesmo espaço, não daria certo, concorda? O mesmo se dá com os seres humanos: o espaço vital de cada um é importantíssimo. Quanto mais amamos a nós mesmos, mais precisamos de espaço, pois começamos a identificar e atender nossas verdadeiras necessidades, e com isso também deixamos mais espaço para os outros.

Já reparou como as crianças precisam de espaço? Com apenas 3 anos já querem fazer várias coisas sozinhas. São os adultos que as impedem, sempre em nome do amor. De forma inata, as crianças nascem sabendo amar. Nós é que lhes ensinamos a posse e tentamos forçá-las a esquecer o que sabem intuitivamente. Seria bom observá-las e escutá-las com mais atenção, pois elas são muitas vezes excelentes mestres.

Você está começando a entender o que a palavra amar realmente significa. Agora também precisa saber a diferença entre aceitar e concordar:

1. Aceitar é constatar, reconhecer aquilo que é, aquilo que se apresenta, sem juízo de valor.
2. Concordar é, simplesmente, ter a mesma opinião.

Assim, amar verdadeiramente é ser capaz de acolher, aceitar, mesmo sem haver concordância, quer se trate de si mesmo ou do outro. Essa é a parte mais difícil para a maioria de nós. Porque o ego nos impede o tempo todo de seguir esse caminho.

Tomemos o exemplo de um pai que vê seu filho envolvido com drogas: *É inaceitável que meu filho use drogas; isso é prejudicial para ele. Não concordo com esse absurdo.* Queremos que todos sejam felizes, mas segundo nossa própria noção de felicidade. Mesmo que nossa intenção seja boa, estamos querendo o impossível. Se o filho sente a necessidade de usar drogas, é porque ele tem uma experiência a ser vivida. Não cabe aos pais nem à sociedade julgá-lo, criticá-lo ou tentar controlar suas decisões. Essa responsabilidade pertence ao jovem. Ainda que familiares, amigos ou médicos o orientem e tentem ajudá-lo a parar, só ele é que realmente pode dar um basta. E ele será o único a arcar com as consequências de sua escolha.

Trata-se de uma situação complicada, mas será ainda mais difícil para esse jovem estar rodeado de pessoas que insistem em fazê-lo se sentir culpado ou que o forçam a agir de determinada forma. Muitas vezes, isso só faz com que o problema se intensifique, porque o filho pode querer mostrar que tem autonomia sobre a própria vida.

Nesse caso – atenção: não estamos falando de vício, mas do uso "recreativo" –, a maior prova de amor que um pai ou uma mãe poderia dar ao filho seria alertar: *Pessoalmente, não concordo com esse comportamento. Nós dois sabemos dos perigos das drogas. Mas é a sua vida, a sua responsabilidade; se essa é realmente a sua escolha, não há nada que eu possa fazer, e também não posso impedi-lo.*

Mas é meu papel lembrá-lo de que essa escolha terá consequências e que você terá que aceitá-las e arcar com elas. Já pensou sobre isso? O pai ou a mãe pode inclusive se oferecer para ajudar o jovem a pensar em todas as consequências possíveis e perguntar como ele lidaria com elas. É uma atitude que faz com que o jovem respeite mais os próprios pais, porque *ele se sente respeitado*. Dar espaço ao outro significa respeitar suas escolhas de vida e, sobretudo, seu modo de ser.

É importante fazer a distinção entre ser, ter e fazer. "Amar" significa deixar a outra pessoa "ser" quem ela é; não é deixá-la "ter" tudo que deseja nem "fazer" tudo que ela quer. Se os filhos resolvem usar cabelo comprido, não estudar ou largar de vez os estudos, comer ou pensar de forma diferente, são escolhas deles. Faz parte do espaço deles.

Em geral, quando uma pessoa decide fazer uma escolha, é porque acha que é melhor para ela. Por isso é importante aceitar a decisão dos outros. Se um ente querido lhe diz *Estou querendo fazer tal coisa* e essa escolha não lhe agrada, não cabe a você tentar fazê-lo mudar de ideia. Em vez disso, diga: *Se acha que será feliz assim, vá em frente. Eu te amo do jeito que você é, e o que mais me importa é a sua felicidade. Mas você pensou bem nas consequências? Vai poder arcar com elas? Se sim, isso é tudo que conta.*

"Se você será feliz assim, isso é tudo que importa." Imagine a diferença que essa frase é capaz de fazer numa relação. Você se lembra de ter ouvido algo assim quando era mais jovem? Teria gostado que falassem com você desse modo? Bem, acho que já sei a resposta.

Imaginemos um filho anunciando um verdadeiro absurdo aos pais com a única intenção de manipulá-los, ou um marido tentando manipular a esposa da mesma forma. Se ele ouvir em resposta *Quer saber? Se é isso mesmo que quer fazer e acha que será feliz assim, vá em frente, faça*, pode ter certeza de que essa frase o levará à reflexão e é bem provável que ele retorne momentos mais tarde admitindo: *Sabe, mudei de ideia, não é bem isso que eu quero fazer agora.* Esse é um dos grandes poderes do amor.

É muito importante compreender a noção de espaço que venho mencionando aqui. Algumas pessoas dependem tanto dos outros para serem felizes que muitas vezes acabam ocupando um espaço que não lhes pertence. Se você se sente invadido ou sufocado por alguém, cabe a você fazer algo a respeito. Você precisa se impor melhor para evitar que invadam seu espaço.

Imagine que alguém lhe faça o seguinte pedido: *Queria tanto que você fosse ao cinema comigo esta noite.* Você, no entanto, já tinha um compromisso e não pode se sentir obrigado a atender ao desejo da outra pessoa. O melhor a dizer seria: *Sinto muito, mas já tinha planejado outra coisa.* Você não é responsável pela felicidade ou pela reação alheias, tampouco tem que se justificar sobre suas atividades. Entretanto, se pensar melhor e achar uma boa ideia ir ao cinema, o que de quebra ainda faria a pessoa feliz, então mude seus planos e vá. As pessoas que fazem tudo para agradar geralmente esperam ser retribuídas, o que acaba gerando decepções e mal-entendidos.

Por exemplo, o marido liga para a esposa no fim do expediente: *Querida, estou muito animado; tive um ótimo dia no trabalho e vou levar você para jantar fora. Pode ir se arrumando que daqui a pouco eu passo aí para levá-la a um bom restaurante.* O jantar transcorre muito bem. Só que a esposa não havia perguntado a si mesma se era isso que ela queria fazer aquela noite. Foi ao restaurante para agradar ao marido. Mais tarde, quando chegam em casa, o homem espera fazer amor em troca! Mas a mulher não está com vontade, o que é totalmente seu direito. Decepcionados, passam a noite emburrados, cada um no seu canto. Percebe o problema? As expectativas em geral resultam em frustração.

Agora imaginemos o que aconteceria se o diálogo fosse diferente: *Querida, tive um ótimo dia no trabalho! Hoje à noite vamos fazer o que você quiser. O que a deixaria mais feliz?* Ela talvez escolhesse passar uma noite tranquila em casa, só os dois, com muito carinho e chamego. Se o marido fizesse mesmo questão de sair, o melhor seria sugerir: *Querida, estou com vontade de sair hoje à noite e seria muito melhor se você fosse comigo. Topa me acompanhar mais tarde?* Ela então poderia pensar no assunto e escolher acompanhá-lo ou não, enquanto ele, por sua vez, não criaria nenhuma expectativa. Veja como muitos mal-entendidos podem ser evitados com uma comunicação mais clara. Esse exemplo ilustra bem a diferença entre *expor* e *impor* nosso desejo ao outro.

É por esse motivo que surgem tantos problemas nas relações amorosas, entre pais e filhos, entre amigos, etc. Nada é claro e a comunicação é zero. Tudo se resume a posse e manipulação. Aceite a ideia de que ninguém neste mundo é responsável pela felicidade dos outros. Quando alguém quiser lhe agradar ou você quiser agradar alguém, considere isso a cereja no SEU bolo. Isso contribui para a SUA felicidade, não para a da outra pessoa. Você tem, primeiro, que assar seu próprio bolo. A cereja sozinha não fará diferença. É muito importante ter em mente que ninguém tem o poder nem a obrigação de fazer você feliz.

Você gostaria de mudar muitos aspectos que não lhe agradam no seu parceiro ou parceira? Saiba que a pessoa que você escolheu – sim, você a escolheu – tem algo importante a lhe ensinar. Se você deixá-la antes da hora, ou seja, recusando-se a aceitar o que tinha a aprender com ela, terá que recomeçar do zero com outra pessoa. E esse novo processo certamente será mais difícil caso você continue se deixando levar pelo ego, e não pelo coração.

Nesse sentido, seria bem mais sábio aprender a amar essa

pessoa como ela é e aceitar a maneira como ela escolheu "ser". Por outro lado, mesmo que cada um se aceite e assuma a responsabilidade pelo próprio comportamento, ainda é possível que um casal resolva se separar. Ambos se dão conta de que compreenderam o que tinham a aprender juntos, então se separam com harmonia. É uma separação com amor. E os dois continuam amigos.

Quando um casal se separa em conflito porque ambos não conseguem aceitar nem suportar um ao outro, a separação nada mais é do que uma fuga. Eles terão que lidar com isso mais adiante. Na vida, não há como livrar-se eternamente de uma situação. Enquanto evitarmos vivê-la com amor, ela seguirá se repetindo de novo e de novo!

Imaginemos agora uma senhora que diz presentear os outros por amor, ou seja, com o coração, embora seu comportamento demonstre que ela tende a fazer isso com a cabeça, o que acaba criando expectativas. Um amigo muito querido dessa senhora está para fazer aniversário. Ela percorre mil e uma lojas para comprar algo que ela mesma sempre quis ter. E compra, decretando que é isso que a pessoa gostaria de ganhar. Chega o aniversário e ela entrega o presente, mas o amigo não reage como ela esperava. Ela fica decepcionada e frustrada, uma vez que investiu muita energia, tempo e dinheiro para tentar agradá-lo. Essas são as consequências de amar com a cabeça e nutrir expectativas.

Se você quer realmente agradar uma pessoa que está fazendo aniversário, o ideal é perguntar o que ela de fato deseja: *Quero lhe dar um presente. O que você gostaria de ganhar?* (Você pode até estipular um valor, se for o caso.) Mesmo que você não tenha muito dinheiro, o que conta é a sua intenção. Você pode, inclusive, pedir ao aniversariante que lhe dê ideias ou sugestões. Assim não haverá expectativas nem desapontamentos.

Mas a pessoa talvez prefira não ganhar presente: *Não precisa trazer nada, basta a sua presença.* Você deve então respeitar a escolha dela: *Muito bem, se é esse o seu desejo. Tudo que eu quero é que você fique feliz. Se não quer presente, não vou dar.* Pode acontecer de essa pessoa querer, sim, ganhar um presente, mas ter ficado sem jeito de dizer isso. Nesse caso, ao perceber que você entendeu o que ela disse ao pé da letra, é bem provável que aprenda a se posicionar no futuro, a atentar para as próprias necessidades e a expressá-las quando uma situação parecida se apresentar novamente.

Por outro lado, se você quiser fazer uma surpresa comprando algo que acha que vai agradar outra pessoa, perceba que é a si mesmo que estará agradando em primeiro lugar: você quer ter o prazer de fazer uma surpresa para alguém. Admita para a pessoa: *Achei que esse presente tem tudo a ver com você, mas, se não gostar, pode trocar por outra coisa, se quiser. Por mim, não terá problema nenhum. Só o fato de preparar essa surpresa já foi um prazer.* Assim a situação fica às claras, sem expectativas nem frustrações.

Quando uma pessoa lhe conta sobre um projeto, você só precisa ouvi-la, acolher seu entusiasmo e aceitar a situação que ela está apresentando, principalmente se ela não pedir sua opinião. Se ainda assim você quiser muito opinar, pergunte: *Você gostaria de saber minha opinião sobre isso? Acho que tenho uma boa ideia que poderia ajudar.* Se a pessoa recusar, não insista, pois não é assunto seu. Afinal, a vida é dela e é ela quem vai aprender com essa experiência.

A escolha do outro só lhe diz respeito quando adentra o seu espaço. Se seu filho resolve convidar os amigos para ir à sua casa ouvir música às duas da madrugada, isso envolve o seu espaço. Você tem o direito de se posicionar e dizer: *Não, sinto muito, a essa hora estou dormindo. A casa é de todos nós e temos que respeitar uns aos outros.* De todo modo, ele poderá convidar os amigos à tarde ou quando você estiver fora.

Agora, se ele deixa de estudar para sair com os amigos e você o repreende, está criando expectativas, porque, no fim das contas, a escolha é dele. Se ele estiver cansado na manhã seguinte e for mal na prova, terá que arcar sozinho com as consequências. E isso, de certa forma, lhe servirá de aprendizado.

Sempre que tiver vontade de mudar ou comandar alguém, pergunte primeiro a si mesmo: *Se essa pessoa mudasse, que diferença isso realmente faria na minha vida, na minha essência? Que diferença faria na minha vida o meu filho ficar acordado até tarde e estar cansado na manhã seguinte?* Nenhuma. A sua vida continuaria. Você seguiria com suas atividades habituais, mesmo porque isso em nada afetaria o seu espaço.

Se quer saber o que está por trás do seu desejo de mudar alguém, pergunte-se: *O que eu temo que aconteça COMIGO se o outro não mudar?* A partir do comportamento da outra pessoa você descobre um medo seu.

Para que complicar nossa vida só porque alguém usa um cabelo diferente, se veste de outro jeito ou tem uma concepção de felicidade distinta da nossa? É tanta preocupação com os assuntos alheios que não nos sobra tempo nem energia para nós mesmos.

Seus relacionamentos serão muito mais fáceis e espontâneos depois que você aprender a amar a si mesmo. Você deve aceitar os outros como eles são, mas também deve se aceitar como você é, mesmo que no momento isso lhe cause problemas ou dificuldades. Quando perceber que as situações difíceis que está enfrentando são o preço a pagar por sua atitude atual, você decidirá mudar sua maneira de ser. Mas não esqueça que, antes de mais nada, você deve aceitar aquilo que lhe desagrada em si mesmo para finalmente se tornar aquilo que sempre quis ser.

Você tem experiências a serem vividas. As consequências são o resultado de suas escolhas e decisões. Basta que você faça, hoje, a escolha de aprender.

O importante é amar a si mesmo e aos outros, respeitar a si mesmo e aos outros. Não permita que ninguém faça com que você se sinta culpado. (O sentimento de culpa será discutido em detalhes nos próximos capítulos.)

Já que você colhe o que semeia, por que não semear e colher amor? Você pode achar injusto ter que fazer todo esse esforço. Talvez acredite que, se os outros fossem mais gentis, mais pacientes, mais compreensivos e mais simpáticos com você, seria mais fácil mudar sua atitude. Ou seja: se você quer comer cenouras, trate de plantá-las! Já que o desejo é SEU, não espere que os outros façam isso por você. Se quiser receber amor, terá que semeá-lo antes de poder desfrutá-lo. É simples assim.

O amor possui um grande poder de cura. O amor vibra. Quando você está repleto de amor, essas vibrações emanam da sua pessoa com tal força que são percebidas pelas outras. Por isso elas se sentem bem na sua presença. Elas então lhe parecem diferentes. Você tem a impressão de que todos à sua volta estão mudando, mas isso é apenas resultado de suas vibrações.

Parar de querer mudar os outros e a si mesmo é o que chamamos de entrega. Quando você se entregar, quando confiar inteiramente nessa sabedoria, dará início à transformação. E você verá por si mesmo que o amor faz milagres.

Quanto mais você exercita o amor, mais alcança pequenas vitórias. O processo vai ficando mais fácil, e isso o estimula a continuar. Não esqueça que, quando você julga e critica alguém, subentende-se que se acha melhor que ele. Todo indivíduo nasceu para amar e ser amado. Não para ser julgado. E, se uma pessoa faz o mal, de uma forma ou de outra vai sofrer as consequências de seus atos.

Você vai colher muito amor quando aprender a amar os outros e a si mesmo. É como aprender a dançar. Quanto mais disciplinado você é, quanto mais pratica, maiores são suas chances de sucesso.

Trabalho com essa noção de amor há vários anos e continuo testemunhando milagres toda semana. É incrível! Assim que as pessoas começam a aplicar esse ensinamento na própria vida, com seus parceiros, pais, filhos, parentes, amigos, funcionários ou patrões, os resultados são extraordinários. O amor tem o poder de promover mudanças maravilhosas para todos nós.

Se você tem filhos, recomendo que lhes ensine essa noção de amor desde bem pequenos – ou mesmo antes de nascerem. Por exemplo, uma gestante pode dizer ao filho que carrega na barriga que vai sempre respeitá-lo e que caberá a ele decidir sobre sua própria vida. Essa criança terá um futuro muito mais feliz. Depois que nascer, o ensinamento prosseguirá dentro dela, pois saberá que tudo que acontece na sua vida está relacionado com as sementes, positivas ou negativas, que ela cultiva em seu interior, que é ela quem atrai cada uma de suas experiências. Que privilégio, para uma criança, ouvir falar de amor e responsabilidade desde o início da vida! Nada, contudo, é mais poderoso do que ensinar pelo exemplo. Se você for uma pessoa calma e positiva, isso terá mais peso do que tentar ensinar seu filho a ser assim com longos sermões. Você será visto como um modelo, um mentor, e sabemos que os jovens precisam de pessoas que lhes inspirem admiração e respeito.

EXERCÍCIOS

1. Com a maior frequência possível, faça a si mesmo a seguinte pergunta: "O que me deixaria feliz neste exato momento?"

2. Faça algo que lhe dê prazer, que deixe você realmente feliz.

3. Agora procure fazer o mesmo com outra pessoa. Pergunte a ela: "O que faria você feliz neste momento?" Se a pessoa revelar algum desejo, verifique de que modo isso expressa a maneira dela de "ser". Aceite-a como ela é, mesmo que você não entenda ou não concorde. Se a resposta dela tiver relação com algo que envolva gastos materiais ou tempo de sua parte, procure deixar claro quanto você tem disponível. Em qualquer circunstância, você deve respeitar suas próprias necessidades e seus limites. O verdadeiro amor começa consigo mesmo.

4. Quando estiver sozinho, repita a seguinte afirmação até que se sinta pronto para o próximo capítulo:

> Respeito e aceito os desejos e as opiniões dos outros, mesmo que não concorde ou não compreenda. Em consequência disso, recebo cada vez mais amor.

CAPÍTULO 5

A GRANDE LEI DE CAUSA E EFEITO

A lei de CAUSA E EFEITO corresponde à lei de AÇÃO E REAÇÃO, segundo a qual "você colhe aquilo que semeia". Também é chamada de lei do "carma" ou do "bumerangue", pois tudo aquilo que jogamos no Universo, ou tudo aquilo que sai de nós, nos retorna automaticamente e na mesma medida. É uma grande lei capaz de transformar sua vida e nunca deve ser ignorada.

Essa grande lei rege os mundos físico, psíquico, mental, cósmico e espiritual. E é imutável.

Recusar-se a acreditar nela é tão insensato quanto negar a existência da lei da gravidade e tentar provar isso jogando-se do alto de um prédio. Ou como beber um copo de veneno acreditando que não será envenenado porque o líquido parece inofensivo.

A lei de causa e efeito é uma lei irreversível. É fácil reconhecer que, semeando cenouras, colhem-se cenouras e não batatas. O mesmo fenômeno ocorre em sua vida. Tudo que você colhe foi previamente semeado por seus pensamentos e crenças, conscientes e inconscientes.

Se você acredita que nunca terá dinheiro para comprar a casa dos seus sonhos, que nunca encontrará o amor ou que não conseguirá realizar determinado projeto, jamais colherá essas coisas. Quer tenha consciência disso ou não, o resultado é o mesmo.

Eu não posso, não sou capaz, não vou conseguir – está aí a melhor maneira de se afastar do sucesso!

A grande lei de causa e efeito existe para todos os seres do planeta – pobres, ricos, bonitos, feios, homens, mulheres, crianças. Sempre que você a infringe com pensamentos, palavras e ações contrários ao amor e às suas necessidades, sua vida sofre as consequências.

Ser capaz de identificar uma causa e seus efeitos é sinal de grande sabedoria.

Se você passa a vida esperando que tudo lhe caia do céu, jamais colherá os mesmos frutos que alguém que investe tempo e energia para cultivá-los. Muitas pessoas estão ocupadas observando e invejando os outros, assistindo ao sucesso alheio enquanto pensam, resignadas, que nunca terão a mesma sorte. Acreditam que nasceram para uma felicidade medíocre em vez de aspirarem à alegria de conquistar a vida que desejam. Ao cultivar essas crenças, acabam colhendo o que semearam – ou seja, bem pouca coisa.

Se você não colhe amor suficiente em sua vida, quem se esqueceu de semeá-lo? Se falta afeto em sua vida, quem deixou de cultivá-lo?

Mas atenção: demonstrações de afeto nem sempre resultam numa colheita frutífera. Tudo depende da intenção e das expectativas. Essas expectativas vêm da nossa cabeça, do nosso ego. Estou falando aqui do "verdadeiro" afeto e do "verdadeiro" amor, esse que vem do coração, sem interesse. Não se pode colher nada no coração de outra pessoa quando se semeia com a cabeça.

Se você quer mudar os efeitos e as reações em sua vida, basta mudar a motivação. Em qualquer área que seja, observe o que está colhendo – o efeito – e vai perceber que a causa está naquilo que você semeou.

Você pode testar a lei de causa e efeito com experimentos simples: se chegar muito perto do fogo, por exemplo, é bem provável que se queime. Se segurar um cubo de gelo com as mãos desprotegidas, pode acabar congelando os dedos. Mas é óbvio, dirá você! Pois é, e essa grande lei não é mais complicada que isso. O que quer que você faça, a reação vai corresponder à ação, tal como o efeito corresponde à causa e a colheita à semente. O ser humano costuma complicar a própria vida diante da simplicidade. Ele duvida, receia, preocupa-se e confunde-se, para afinal retornar ao ponto de partida. E durante esse percurso ele vive uma série de situações desagradáveis que poderia ter evitado se procurasse as respostas no lugar certo, ou seja, *em si mesmo*.

Se certas situações desagradáveis vivem se repetindo em sua vida sem que você consiga entender o motivo, aceite a ideia de que essa colheita vem sendo semeada por você, muito provavelmente desde a sua infância. Você decerto era bem pequeno quando decidiu sentir pena de si mesmo, e é o que continua fazendo até hoje. O resultado é que só consegue colher o oposto daquilo que deseja. Essa colheita pode se manifestar, entre outras coisas, em doenças, pobreza, solidão, frustração, etc. Você provavelmente não se lembra dessas decisões, pois são quase sempre tomadas de forma inconsciente.

Mas não é preciso recuar tão longe para tentar entender esse processo e pôr fim a isso tudo. Nem é preciso tentar entender, aliás. Podemos virar a página sobre o passado e começar hoje mesmo uma nova vida. Se você estiver realmente motivado, pode mudar o efeito em sua vida modificando a causa neste instante. A decisão é sua. Se decidir que a partir de agora quer colher amor, é só começar a semeá-lo à sua volta. Ame com o coração, sem expectativas.

Repito: não se preocupe com o passado ou com as causas que foram postas em movimento. Não procure saber que situação poderia ter produzido este ou aquele efeito. Você pode escolher uma nova vida hoje. Esqueça o passado: são só experiências vividas que contribuíram para você se tornar a pessoa que é. De agora em diante, semeie aquilo que deseja colher.

Se quer viver em prosperidade, comece a pensar em termos de prosperidade. Converse com pessoas que vivem em abundância. Faça de conta que é rico e tem todo o dinheiro que quer. Se pensar *Eu nunca vou conseguir fingir que sou rico porque nem tenho dinheiro para pagar o aluguel*, o que você acha que vai acontecer? Percebe a causa que está pondo em movimento com essas palavras? Você acaba de afirmar que não tem dinheiro para pagar o aluguel, e é exatamente isso que vai acontecer. Você precisa reprogramar sua mente, fazendo declarações como: *Eu sou próspero; vivo em abundância; reconheço que essa abundância provém da grande riqueza universal que está disponível para mim.* Dessa forma, sentirá essa prosperidade no fundo do seu coração e acreditará nela de verdade, para afinal fazer com que ela se manifeste. E é bem possível que se manifeste de um modo totalmente inesperado para você. O Universo – seu Deus interior – por vezes usa meios que você jamais imaginaria.

Não é necessário fazer nada extremo. Comece com pequenas coisas, mas sabendo exatamente o que deseja obter. Você agora pode passar para a ação e conseguir, assim, a reação almejada. Não esqueça: AÇÃO E REAÇÃO. Se ficar em casa só pensando naquilo que quer, seus resultados serão muito lentos. Você precisa investir o máximo de energia possível e fazer as coisas andarem a partir de ações concretas.

Se quiser renovar seu guarda-roupa, livre-se das peças que não usa mais e pense que está abrindo espaço para tudo aquilo que comprou. Visualize suas roupas novas já guardadas no lugar e sinta a alegria de se vestir com um visual renovado.

Você pode estar pensando: *Isso é bom demais para ser verdade.*

Nunca vai acontecer comigo! Bem, a esta altura você já deve ter entendido a que tipo de colheita isso o conduz.

Seja mais consciente de cada pensamento que tem e de cada palavra que diz. O que está pensando ao ler minhas instruções? Acredita no que elas dizem? Está pronto para viver essa experiência ou tem dúvidas? Se ainda duvida, nada mudará na sua vida por enquanto.

Se quer conquistar muitos amigos, estar rodeado de gente e ter uma vida social ativa, inicie uma ação nesse sentido. Faça amizades, aproxime-se das pessoas, converse com quem encontrar por aí, em diferentes lugares, em qualquer situação. Faça isso todos os dias. Assim estará colocando uma nova causa em movimento mais rapidamente. O fato é que ninguém virá buscá-lo em sua casa. Cabe a você decidir o que deseja e dar o primeiro passo.

Em suma, visualize o que você quer ter, em seguida parta para a ação e terminará por colher o que plantou. Não se esqueça de sentir a felicidade que surge quando se visualiza um objeto de desejo. A colheita nem sempre é instantânea: é por isso que a perseverança é um atributo indispensável para todos nós.

Essa grande lei de causa e efeito existe para todo ser humano. É ela que nos faz colher o que semeamos. E ela faz isso em todas as áreas da vida, incluindo nossos relacionamentos. Os outros agem conosco tal como agimos com eles. Às vezes nos ressentimos, nos afastamos, nos irritamos, falamos o que não devia, tentamos mudar a outra pessoa, etc. Agir assim equivale a afirmar: *Eu sou melhor do que você!* Se uma pessoa o magoou, não cabe a você puni-la. A lei de causa e efeito agirá na vida dela também, fazendo com que ela colha aquilo que semeou. Se semeou o mal, irá arcar com as consequências disso.

Cada um é senhor da própria colheita. Cuide da sua vida e aprenda a aceitar as pessoas como elas são.

EXERCÍCIOS

1. Faça uma lista de coisas ou situações que você gostaria de colher amanhã, na próxima semana ou até no próximo ano. Não reprima seus desejos: não há nada que seja grandioso demais para você. Não há limites para nossos sonhos, pois tudo que existe na Terra foi criado para cada um de nós.

2. Depois de anotar o que deseja colher, ponha imediatamente mãos à obra e tome atitudes para se aproximar daquilo que você quer.

3. Durante os próximos três dias, torne-se mais consciente de palavras e atitudes nocivas que possam impedir ou retardar a colheita daquilo que você deseja. Transforme-as em pensamentos positivos e construtivos.

4. Quando estiver sozinho com seus pensamentos, repita a seguinte afirmação até que se sinta pronto para o próximo capítulo:

> A partir de agora, semeio e colho somente aquilo que me é benéfico, e faço isso usando pensamentos, sentimentos, palavras e ações.

CAPÍTULO 6
ROMPENDO OS CORDÕES: O PERDÃO

Considero este capítulo um dos mais importantes do livro, pois traz princípios fundamentais para o ser humano. Dedique a ele uma atenção especial. Se compreender este conteúdo com o coração, você poderá transformar a sua vida.

O que eu chamo de "cordões" são vínculos invisíveis formados desde seu nascimento. São rancores ocultos bem no fundo do seu ser. Esses vínculos foram criados por suas reações a alguém que representava uma autoridade em sua vida: pai, mãe, irmãos mais velhos, avós, tios, babás, vizinhos, professores, etc. Qualquer coisinha que você tenha se negado a aceitar na maneira de ser dessas pessoas deu origem a um vínculo invisível com cada uma delas. Quem, na sua opinião, foi uma presença constante em sua vida, do nascimento aos 7 anos, e atuou como um pai ou uma mãe para você? Essa pessoa teve necessariamente uma grande influência na sua história.

Do nascimento aos 7 anos, o instinto da criança é mais forte que sua intuição. Ela não raciocina. Aceita as coisas tais como lhe são apresentadas. Entretanto, a criança toma diversas decisões, na maioria inconscientes, em função do seu plano de vida.

Sua primeira decisão na vida foi a escolha dos seus pais. Ao escolhê-los, você consentiu em tê-los como modelo para aprender a amar e também em aceitá-los como eles eram. Só que, a partir do seu nascimento, você ficou incomodado e sentiu vontade de mudar alguns traços do caráter deles; você quis mudar um pouco o jeito deles de ser. Cada atitude não aceita formou um vínculo. Esse vínculo invisível e onipresente entre vocês ocasionou uma irritação interior. Esse vínculo existe para lhe mostrar que você se tornou aquilo que não aprecia nos seus pais ou cuidadores. E é isso que você deverá aprender com eles. Eles estão na sua vida para ajudá-lo a ver aquilo que você ainda não aceita em si mesmo. Chamo esse vínculo de cordão porque a pessoa ressentida se mantém presa àquela contra a qual reage. Atadas uma à outra, ambas são igualmente prisioneiras de sua dificuldade de expressar o amor verdadeiro.

Toda atitude não aceita que cria esse cordão segue posteriormente se repetindo na sua vida. Suponhamos que seu pai tenha sido uma pessoa fechada; nunca expressava seus sentimentos, isolava-se num canto e preferia não falar com ninguém. As conversas eram quase inexistentes; ele nunca soube demonstrar seu amor por você. Ao não aceitar essa atitude, você se deixou tomar pela frustração. Olhe para si mesmo agora. Observe bem a sua vida. Você se expõe para as outras pessoas? Diz exatamente o que pensa quando se expressa? Ou fala o que os outros querem ouvir? Está vendo? Você se tornou igualzinho ao seu pai, mesmo que as circunstâncias sejam distintas.

Agora vamos supor que sua mãe se intrometia nos seus assuntos. Invadia o seu espaço. Era superprotetora e não parava de dizer o que você tinha ou não que fazer. Você achava isso inaceitável e se sentia sufocado. Veja como você age agora. Faz a mesma coisa? Se acha que não, pergunte a pessoas que lhe são próximas –

aquelas que o conhecem bem – o que elas percebem em você. Elas responderão que você é um retrato perfeito de sua mãe.

Se você se negava a aceitar o autoritarismo de seu pai, agora o incorporou. Ele hoje faz parte da sua personalidade. Você pode até expressá-lo de outra maneira, mas esse autoritarismo está (ou permanece) muito presente.

Você não aceitava a submissão de um de seus pais? Observe bem o modo como se comporta na vida. Você sempre age por escolha própria ou porque se sente obrigado?

Sua mãe tinha mania de limpeza? E você, fica incomodado com a desordem e a sujeira? É a mesma coisa.

Pensando em exemplos como esses, você talvez consiga encontrar um traço de caráter que não aceitava em sua mãe e que também não se reflete no seu comportamento atual. *Não sou assim de jeito nenhum! Muito pelo contrário!*, diria você mais que depressa. Ao que eu lhe responderia que você se esforça tanto para agir de forma oposta a fim de não se parecer com ela que acaba se impedindo de ser você mesmo. Já imaginou quanta energia se gasta para viver em oposição à sua verdadeira natureza? Tudo que você consegue fazer é reagir àquilo que não aceitou. Nesse caso, o vínculo – o cordão – será muito mais difícil de romper, pois para poder administrar esse vínculo você precisa, primeiro, tomar consciência dele.

Agir assim é ir de encontro à grande lei do amor. Enquanto continuar, conscientemente ou não, tentando ser alguém que não é para evitar a semelhança com pessoas que o influenciaram, você não vai alcançar a paz interior. Seus objetivos pessoais não serão mais que um amontoado de projetos confusos e sua existência não passará de um mero devaneio.

A situação mais difícil de aceitar é aquela que envolve algum tipo de abuso, como a violência física ou psicológica. Se você não aceitou o fato de ter apanhado enquanto criança, por exemplo, e sente raiva por o terem tratado com agressividade, precisa a todo custo romper esse vínculo antes que o veneno tome conta de você. Talvez você nunca tenha sentido necessidade de se expressar de forma violenta, nem sequer em palavras ou pensamentos, mas, se buscar bem no fundo de si mesmo, é provável que encontre uma violência prestes a explodir assim que surgir uma oportunidade. Até que, um dia, ela o fará agir de um modo que lhe trará arrependimento e remorso. Você talvez se esforce em guardar tudo isso para si. Essa luta interior vai se eternizar e só fará de você uma vítima. A única maneira de sair vitorioso é romper esse vínculo de forma concreta.

Repare como tudo que não foi aceito segue se repetindo continuamente na sua vida. Você atrai a presença de pessoas (cônjuge, filhos, chefes, amigos, vizinhos, etc.) que o incomodam. Essas pessoas, contudo, aparecem na sua vida para chamar sua atenção para algo que você não aceitou nos seus pais e, por conseguinte, não aceita em si mesmo. E isso seguirá se repetindo até você entender que existe, em algum ponto, um vínculo que não foi rompido. Lembre-se de que você atrai tudo que lhe acontece, assim como atrai todas as pessoas que se encontram em seu caminho, para ajudá-lo a tomar consciência daquilo que aceita ou não aceita em si mesmo.

Você precisa aprender a amar apesar da indiferença, apesar da violência, apesar da superproteção e apesar da injustiça, da traição e da rejeição. Se se sentia rejeitado na infância, se achava que os outros não se importavam com você, que não o aceitavam como era ou que não o amavam, vai experimentar a rejeição por toda a sua vida. Vai se sentir constantemente rejeitado pelas pessoas à sua volta. Por isso deve romper esses cordões para poder avançar em sua evolução.

Digamos, por exemplo, que você é um jovem pai ou uma jovem mãe: como age com seus filhos? Talvez os repreenda, recrimine, castigue, fazendo comentários ferinos, não é mesmo? Sempre em nome do amor, você dirá. Você os ama, mas também quer que aprendam o que é bom para eles. É comum vermos os pais perderem a paciência. Mas isso acontece porque eles não amam com o coração, a exemplo de seus pais, que não tiveram a oportunidade de aprender a amar da maneira certa. Mas você não deve se sentir culpado por isso, pois a profundidade do seu amor é tão importante quanto sua forma de amar, seja ela qual for. Apenas tome consciência de que amar com a cabeça é mais doloroso que amar com o coração. O primeiro tipo de amor é baseado no medo e só traz emoções e decepções, ao passo que o segundo é libertador, traz paz interior e harmonia com aqueles que nos cercam.

Para conseguir romper esse vínculo com seus pais e se tornar finalmente quem você é, é preciso aceitar que seus pais, ou as pessoas que desempenharam esse papel, fizeram o seu melhor de acordo com o que sabiam. Eles amaram você o melhor que podiam naquele momento. De fato, eles não conseguiriam lhe oferecer mais, porque aquela era a única forma de amor que lhes fora ensinada. E, por sua vez, agiam desse modo por acreditarem que era para o seu bem.

A indiferença manifestada por alguns pais pode ser sinônimo de confiança – já pensou nisso? Confiam tanto no filho que o deixam livre para fazer as próprias escolhas e viver a própria vida. O filho pode entender como indiferença algo que constitui, na verdade, uma grande prova de amor. Então por que achar que necessariamente fomos negligenciados? Atentemos mais de perto para a nossa interpretação dos fatos; ela por vezes é equivocada, sendo influenciada por nossas feridas.

Os pais "críticos" costumam ser aqueles que têm grandes sonhos para seu filho. Na percepção deles, o filho deve superá-los, ter mais sucesso na vida do que eles tiveram. É por isso que não toleram vê-lo fazer qualquer coisa pela metade. Têm expectativas muito altas. Pais desse tipo costumam querer realizar os próprios sonhos através dos filhos. Ainda assim, há amor por trás de cada crítica, uma vez que consideram seus filhos capazes de grandes realizações.

Muitos pais fariam qualquer coisa para evitar que os filhos sofram o mesmo destino que eles. Um homem submisso, que tende a ser fraco diante da adversidade, poderá usar de violência com seus filhos para que eles se tornem fortes e insensíveis como ele próprio gostaria de ser. Ele age assim por amor, não é mesmo? É severo com os filhos simplesmente porque não ama a si mesmo e rejeita a própria vida. O mesmo acontece com a mãe superexigente e controladora. Ela exigirá um sucesso absoluto em tudo que a filha empreender para garantir que ela tenha uma vida melhor que a sua.

O principal desejo da maioria dos pais é que seu filho possua mais do que eles, ou que esteja mais bem preparado para enfrentar a vida. Nascem daí as expectativas irrealistas. Toda proteção desmedida ou toda severidade excessiva é manifestação de um grande amor possessivo. Quanto mais tememos, mais amamos com a cabeça.

Lembre-se da definição de amor: Amar é ACEITAR uma pessoa como ela é, mesmo que você não a entenda ou não concorde com ela. Não existe filho que concorde plenamente com a noção de amor de seus pais, porque cada pessoa é única. A verdade é que toda criança, em algum momento, preferiria ser amada de outra maneira. Gostaria que houvesse mais ou menos carinho, mais ou menos atenção, etc. Mas não se pode mudar ninguém. Cada pai ou mãe tem seu jeito de ser. Eles são como são, segundo aquilo que aprenderam, segundo o próprio plano de vida e segundo o plano de vida da criança.

Você agora tem a oportunidade de aprender que existe uma forma de amor bem mais elevada que o amor possessivo. Por muito tempo o ser humano desconheceu a existência de seu potencial interior. Seu amor dependia exclusivamente da relação com as pessoas ao seu redor. Como, então, poderia transmitir algo que não conhecia?

Se você fizer um balanço de tudo que teria gostado de mudar nos seus pais, se recordar todas as discórdias e censuras suportadas que lhe causaram rancor, até mesmo raiva, vai constatar que, com o passar dos anos, seu cordão assumiu proporções gigantescas. À medida que for tomando consciência do amor que motivava cada gesto, cada palavra, você romperá esse cordão aos poucos, até que um dia vai transbordar de amor por eles. Para chegar a esse ponto, terá primeiro que aceitar os meios empregados por seus pais, mesmo que não concorde com suas atitudes e seus comportamentos. Você passará a enxergá-los com outros olhos – com olhos amorosos – e compreenderá quanto eles o amavam e, sobretudo, quanto *não* amavam a si mesmos, sendo incapazes de ver o próprio reflexo em você.

Cada rancor que você guarda contra pessoas que o feriram ou que o marcaram negativamente se imprime dentro de si e forma um vínculo que o aprisiona. Essa é uma das prováveis causas da insatisfação que você sente no seu íntimo. Agora que sabe que existe algo tão mais extraordinário por trás da sua relação com essas pessoas, não lhe parece que chegou a hora de se libertar, de abrir seu coração e deixar sua alma crescer?

Romper esse vínculo não requer necessariamente compreender seu pai ou sua mãe: isso seria trabalhar com a cabeça. Basta sentir o amor que essa pessoa tinha por você naquele momento e que se expressava por meio de expectativas irrealistas. Esse sentimento se encontra dentro de você, não na sua cabeça. Ponha o raciocínio de lado e use o coração. Você precisa ir além de raciocínios do tipo: *A vida deles não era fácil./ Eram de família numerosa./ Eram pobres./ Passavam dificuldades.* As pessoas gostam de usar a cabeça e se sentem tão seguras fazendo isso que esquecem o coração. Quando você aceitar de verdade que seus pais o amavam (mesmo que apenas com a cabeça), começará a sentir mais compaixão e um grande impulso de amor por eles.

Pode ser também que você ainda conserve vínculos com alguns de seus professores. Será que se tornou igual a um deles? Examine o que pode tê-lo incomodado, despertado emoções negativas, raiva. Depois verifique como esse rancor influencia a sua vida profissional. Com efeito, os vínculos formados ao longo da educação escolar afetam as relações profissionais, ao passo que os vínculos formados na vida familiar afetam mais tarde as relações amorosas, sociais e de amizade.

Desde criança você vem reagindo a essas pessoas e ficou tão consumido pelo medo de se parecer com elas que acabou se privando de ser você mesmo. Esse ser extraordinário que existe dentro de você está aí, mas sofre por não ser descoberto e reconhecido. Não está ouvindo os apelos de sua alma? Só você pode libertá-la das suas correntes, do seu isolamento. Ela precisa evoluir, respirar e ter o próprio espaço, como tudo que existe.

Se você ainda guarda rancor dos seus pais ou de qualquer pessoa, é porque está dominado pelo ego. Você se recusa a aceitar o outro, julgando tudo injusto e absurdo. Esse rancor pode evoluir para ódio, o que significa que o cordão entre vocês se torna mais e mais robusto. Mas, veja bem, o preço a pagar será muito alto, uma vez que você continua a atrair as mesmas situações. Isso lhe custa muito caro nos seus relacionamentos, no seu modo de receber amor, na sua felicidade, no seu nível de energia e na sua saúde. Seu corpo, por intermédio de sua superconsciência, continuará lhe enviando sinais de que seus atos estão infringindo as leis do amor. Você definitivamente não pode escapar ou fugir disso para sempre.

Se você é o filho mais velho, há grande probabilidade de que tenha mais cordões com seus pais do que seus irmãos. É comum que os pais deem menos espaço ao primogênito, que restrinjam mais o seu jeito de ser, para que sirva de exemplo aos irmãos mais novos. É por isso que costumam ser mais exigentes com o primeiro filho. Se, por exemplo, seus pais queriam um menino mas tiveram uma menina, ou vice-versa, eles podem ter se sentido frustrados. Nesse caso, é possível que você tenha um sentimento de rejeição, mas saiba que não é por falta de amor: é porque seu pai e sua mãe não estavam satisfeitos com a própria vida.

Seja forte e corajoso. Examine uma situação de cada vez, um dia após outro, e pouco a pouco terminará por romper todos os cordões que o sufocam, libertando-se deles de uma vez por todas.

Um cordão bastante comum é aquele que envolve nossa relação com o dinheiro. Por quê? Porque, para as gerações anteriores, o dinheiro ocupava um espaço muito grande, já que economizar era absolutamente necessário. A felicidade dependia em boa parte dos bens materiais, pois dinheiro era sinônimo de segurança. Nossos pais quiseram então nos incutir esse valor, nos ensinar a ganhar dinheiro e a economizá-lo, acreditando que isso nos faria felizes e contribuiria para nossa segurança. Essa era a noção deles de amor. Se você é propenso a aplicar todo o seu dinheiro em fundos de investimento, ou então a gastar tudo que tem, é bem provável que esteja reagindo à atitude de seus pais, já que não encontrou o ponto de equilíbrio.

Repare que, seja qual for a situação, sempre é possível ver que, no fundo, seus pais o amavam. Segundo as grandes leis da vida, é impossível os pais não amarem os filhos, assim como é impossível os filhos não amarem os pais. Esse amor é de uma importância primordial para cada um de nós. O problema é que a maioria das pessoas não sabe como expressá-lo. Algumas chegam a afirmar que odeiam seus pais ou que não ligam para eles, quando na verdade é seu sofrimento que atingiu um grau muito elevado. Lembre-se de que o ódio é resultado de um grande amor frustrado.

A única solução para rompermos todo e qualquer cordão e nos libertarmos de nossos rancores e nosso ódio é o PERDÃO verdadeiro.

E o perdão só é possível se, antes de tudo, formos capazes de reconhecer nossa responsabilidade.

Reconhecer e assumir sua responsabilidade significa aceitar que tudo que acontece em sua vida é criação sua, fruto de seu Deus interior. Ele atrai situações para que você enxergue aquilo que ainda precisa aceitar em si mesmo. Quanto maior a aflição, maior é o sinal de que sua alma está sofrendo e de que é urgente você se aceitar por completo.

Tenha em mente que o amor verdadeiro se manifesta quando aceitamos uma atitude mesmo sem estarmos de acordo com ela. Essa é sempre a única maneira de conseguir amar a si mesmo e amar os outros como eles são: dar a si mesmo o direito de ser humano, mas também dar ao outro o direito de sê-lo. Só assim você pode ficar em paz com o fato de que julgou no outro aquilo que existe em si mesmo.

Assumir sua responsabilidade vai ajudá-lo a sentir compaixão por outra pessoa, e isso é muito importante para a reconciliação. Aos poucos se dará conta de que aquela pessoa que você julgou e condenou também o julgou pela mesma coisa, ainda que você não tenha consciência de ter lhe causado algum mal.

Depois disso, resta a você se dar o direito de ter desejado mal àquela pessoa, constatando que essa é uma reação normal e humana para qualquer um que esteja em sofrimento. O último passo é aceitar a si mesmo e acolher o fato de sua atitude ter contribuído para o sofrimento do outro. Esse é o verdadeiro perdão de si mesmo.

Depois de ler o Capítulo 14, "Como expressar suas emoções", você poderá dar continuidade ao trabalho interior que começamos aqui com o perdão.

EXERCÍCIOS

1. Pense em três pessoas de quem você guarde mágoa, seja qual for o motivo.

2. De que você costuma acusá-las?

3. Verifique em que circunstâncias essas três pessoas podem tê-lo acusado da mesma coisa.

4. Leve o tempo que for necessário para reconhecer que você atraiu essas pessoas para se conscientizar de um aspecto que não aceitava em si mesmo.

5. Aceite que, assim como essas três pessoas, você é um ser humano e compartilha com elas os mesmos medos e sofrimentos.

6. Visualize que um dia você será capaz de fazer as pazes com elas expressando tudo que aprendeu sobre si mesmo. Você terá que manifestar um desejo sincero para que isso se realize.

7. Repita a seguinte afirmação o mais frequentemente possível:

> Tenho compaixão por todos aqueles que julguei.
> Eu me perdoo e me liberto dos vínculos
> que me impedem de viver em harmonia.
> Amo cada vez mais com meu coração.

CAPÍTULO 7
FÉ E PRECE

O que é a fé? Muitas pessoas confundem *crença* com *fé*. Crer significa *ter como verdade*. Se você julga deter a verdade, viva essa verdade se ela lhe for benéfica e espalhe-a. Cada um possui suas próprias verdades e crenças. Tenha em mente, porém, que as verdades e crenças de cada um podem mudar a qualquer momento. Uma vez que evoluímos, seria no mínimo ilógico passarmos a vida inteira acreditando na mesma coisa. Temos que acreditar em algo porque é pertinente e benéfico para nós, não porque outra pessoa acredita, mesmo sendo nosso pai, nossa mãe ou alguém muito influente.

A fé é outra coisa. É um princípio fundamental bem mais profundo, uma força em si, um poder diretamente ligado à nossa alma e ao nosso Deus interior. As Escrituras a definem como "a certeza das coisas que se esperam e a prova das coisas que não se veem". Quando somos movidos pela fé, temos certeza de que vamos obter aquilo que desejamos. Isso é o que distingue a fé da crença.

Um grande homem chamado Jesus veio ao mundo para ensinar sobre o amor e a fé. Está mais do que na hora de colocarmos em prática seus ensinamentos. De fato, levou cerca de 2 mil anos para as pessoas começarem a entender sua mensagem e perceber sua força.

Ter fé é acreditar com inabalável confiança na presença de Deus dentro de cada um de nós.

Fomos ensinados a rezar dizendo coisas como: *Meu Deus, me ajude*. Ao formular essa frase, precisamos ter consciência de que estamos nos dirigindo ao Deus que está dentro de nós. Se você pensa em Deus como uma entidade distante que precisa tomar conta da Terra inteira, será mais difícil acreditar que suas preces serão atendidas. Com quase 8 bilhões de pessoas para cuidar planeta afora, será que Ele realmente terá tempo para você? É fundamental que você reconheça a existência de seu Deus interior, ou seja, do Deus Pai que vive em seu coração e no coração de todos que o cercam. Quando você vê a si mesmo como uma manifestação viva de Deus e acredita nessa grande força que há dentro de si, você se torna capaz de manifestar tudo aquilo que deseja. *Isso é a fé*.

Há uma história que adoro e que descreve bem o que é a fé. Um pequeno povoado enfrentava uma grave seca e os agricultores estavam preocupados com suas colheitas. Depois do culto dominical, foram pedir conselho ao pároco: *Precisamos fazer alguma coisa. Faz mais de um mês que não chove. Estamos perdendo nossas colheitas. O que podemos fazer?* O pároco respondeu: *É só vocês rezarem com fé. Não se esqueçam de que uma oração sem fé não é verdadeiramente uma oração.*

Os agricultores se reuniram várias vezes ao dia para rezar e pedir chuva. No domingo seguinte, foram novamente falar com o pároco: *Não funcionou, padre. Nos reunimos todos os dias, rezamos muito e, mesmo assim, a chuva não veio.* O padre replicou: *Vocês de fato rezaram com fé?* Todos responderam que sim. Então o padre acrescentou: *Mas eu sei que não rezaram verdadeiramente com fé, pois nenhum de vocês trouxe um guarda-chuva.* Essa história ilustra bem o que significa rezar e agir com fé.

Quando você tem fé, tem a convicção de que obterá o que deseja. Você exercita a sua fé o tempo todo, mesmo sem ter consciência disso. Quando aperta o interruptor para acender a luz, por exemplo, você sabe que a luz vai surgir. Percebe? Atos de fé não são necessariamente ligados a algo religioso ou sobrenatural.

Quando encomenda um carro novo à concessionária, você escolhe o modelo, a cor, os acessórios e assina um contrato com o vendedor, que então lhe diz: *Não se preocupe, seu carro estará aqui em até seis semanas. Entrarei em contato assim que o recebermos.* Isso também é um ato de fé. Durante as seis semanas seguintes, você terá certeza de que seu carro será entregue conforme o seu pedido. Nesse período, você tenderá a prestar mais atenção nos carros iguais ao seu. Às vezes dirá: *Tenho um carro igual àquele.* Vai até se imaginar sentado ao volante. No prazo combinado, a concessionária liga avisando que seu carro já pode ser retirado. Foi um ato de fé, concorda? Nem lhe ocorreu que seu carro pudesse não chegar. Tampouco ficou ligando para a concessionária a toda hora para conferir se não tinham se esquecido de você. Quando há fé, não existe dúvida. Você tem certeza absoluta.

Você pode realizar tudo que quiser da seguinte maneira: peça apenas uma vez, com convicção de que alcançará o resultado desejado. Quando pede a mesma coisa várias vezes é porque não sabe ao certo se conseguirá obtê-la. O grande poder que há em você pode atender a todos os seus pedidos. É só lhe dar o tempo necessário para manifestar o objeto de seu desejo.

Quando formula um pedido genérico sem lhe imprimir energia, você está rezando. Quando, além disso, você o visualiza, acredita nele e sente que aquilo é para você, aí, sim, você está rezando com fé. Imagine o resultado que está buscando, veja o que você deseja em imagens e você o obterá.

Disse Jesus no Evangelho segundo Marcos: *Tudo que pedirdes com fé, crede que o recebestes, e assim será para vós.* É preciso ver os desejos já realizados. Tudo é possível para aquele que crê: a fé pode mover montanhas.

Seu Deus interior está ligado a esse grande poder universal que cuida de tudo que existe na Terra, em todos os planetas, em todo o cosmos. Dê uma olhada ao seu redor. Contemplar a bela harmonia da natureza intocada pelo ser humano só o fará desenvolver sua fé. Você se maravilha com a beleza do sol poente, a imensidão do oceano, a paz do céu estrelado. O Universo está em absoluto equilíbrio. O sol nasce todo dia, a lua aparece toda noite, os planetas se movem no espaço, as marés sobem e descem. Um grande plano divino regula toda essa harmonia. Por que você não faria parte disso?

Já está tudo aí: é nossa herança divina! É só você pedir! Deus lhe deu o livre-arbítrio, o que significa que Ele o deixa conduzir sua vida como bem quiser. Você tem o direito de pedir tudo que deseja, exceto aquilo que pertence a outros. Se for esse o caso, peça então algo similar ou que seja melhor para você. O Universo é próspero e generoso o bastante para atender às necessidades específicas de cada um.

Esse grande princípio se aplica a tudo que existe. Somos bilhões a nos beneficiarmos do sol, do ar e da eletricidade, e há bastante para todos. Por que as belas riquezas da Terra, os tecidos, as joias e as casas bonitas, ou as qualidades admiráveis do ser humano, como paciência, beleza interior, saúde e amor, existiriam apenas para um punhado de gente? Tudo que existe no "ter" e no "ser" pertence a todos. Basta pedir essas belas coisas para você. E não precisa ter receio. Você não estará tirando nada dos outros, apenas se apropriando da parte a que tem direito. A herança divina é universal.

A única coisa que separa você de outra pessoa, das coisas que ela faz ou possui e que você julga fora do seu alcance, é o seu nível de fé. Por isso é que você precisa ter fé. Precisa decidir: *Sim, eu* quero e, sim, eu posso. Tenho em mim tudo que é preciso para dar certo. Eu posso conseguir. Mas, veja bem, essa certeza só pode se aplicar àquilo que é benéfico ou conveniente para você. É por isso que nem sempre lhe acontece o que você quer, mesmo que tenha pedido com fé.

    A fé não vem da cabeça. Vem da sua superconsciência, que já mencionei várias vezes e que o conecta ao poder divino dentro de si. Você pode imaginar Deus como um grande Sol, uma energia que se move, que vibra. A fé é o raio de sol que une você a Ele.

    Observe este pensamento: *Quando eu tiver isto ou aquilo serei feliz e aí poderei agir*. Esse tipo de pensamento denota falta de fé. Para você garantir que pedirá algo que realmente lhe será benéfico, o "ser" deve vir antes do "ter". Você decide o que o faria feliz (ser), age de acordo com isso e espera que se realize (ter).

    Se sair de férias com a família é algo que o faria feliz, por exemplo, um ato de fé seria fazer reserva no hotel mesmo antes de ter tudo organizado para a viagem. Assim você terá dado o primeiro passo e deixará claro que seu objetivo é sair de férias. Quanto mais você conseguir visualizar a si mesmo aproveitando a viagem, maior sua fé será.

    Você talvez ache normal acreditar que o sol vai nascer quando você acordar, ou que, se semear feijão, vai colher feijão. Se acredita que esses eventos são naturais, saiba que também é natural fazer acontecer aquilo que deseja na sua vida. Você tem o mesmo poder de Deus, já que é uma das manifestações Dele. Se Deus pode fazer o sol nascer todo dia ou fazer brotar uma semente, você também pode criar para si uma vida repleta de maravilhas.

    Deus é um grande poder universal que eu gosto de comparar às ondas de rádio ou à eletricidade. Não as vemos, não sabemos de onde vêm, mas sabemos que existem. Se você entra numa sala e está tudo escuro, significa que não há eletricidade? Não, você apenas se esqueceu de apertar o interruptor. Todo ato de fé equivale ao gesto de apertar o interruptor para obter luz. Todo ato de fé cumprido significa mais uma luz. À medida que você aumenta sua fé, a luz se intensifica, tudo se torna cada vez mais claro, mais fácil, mais real.

É simples, não é? Apertando um botão, você obtém luz. Essa luz vem de você? Não, claro que não; ela vem não se sabe de onde. Está ligada a algum lugar. O mesmo acontece na sua vida: toda vez que você utiliza a sua fé, é Deus quem usa um canal para criar. Todos os seres humanos têm essa mesma capacidade. Quando aceita o Deus que há dentro de si, também aceita que Ele se manifeste através de você. Agora, se utilizar esse grande poder para prejudicar alguém, terá que pagar o preço, como seria o caso se usasse a eletricidade ou o fogo para destruir. Deus nos dá a chance de usar Seu poder de forma benéfica ou não, pois sempre precisaremos arcar com as consequências de nossas ações.

Tudo que existe no mundo visível surgiu primeiro no mundo invisível. Quer seja um grande hotel, um avião ou as roupas que você veste, tudo tomou forma no pensamento de alguém antes de se tornar realidade. A força do ser humano está em utilizar o grande poder universal para criar aquilo que já existe no vasto reservatório cósmico.

O pensamento é ligado ao grande pensamento universal, da mesma forma que as células do corpo humano são ligadas entre si. Não se pode imaginar no mundo invisível algo que já não exista ou não possa se realizar no mundo visível. Trata-se agora de você atrair esse desejo com a energia de seus pensamentos e ações. Todo pensamento toma forma no mundo invisível: quanto mais você pensa em alguma coisa, quanto mais a sente com energia, mais a alimenta e mais ela poderá se concretizar no universo material.

Alimentando aquilo que criou em pensamento, você encontrará as pessoas certas, a ação necessária e o lugar ideal para materializar esse desejo. Sabendo de tudo isso, use a sua fé para criar coisas benéficas: o Universo contém tudo em grandes quantidades e há reservas suficientes para todos nós. Só depende de você buscar a parte que lhe cabe.

Não perca nem mais um segundo e comece desde já a utilizar esse grande poder que existe em você. Se começar a criar coisas agradáveis, sua vida tomará outro rumo. Você se sentirá mais feliz e apto a compartilhar sua felicidade com os outros. Em compensação, se estiver com o coração repleto de dúvidas, medos e inquietações, será impossível espalhar felicidade. Não se pode dar aquilo que não se tem. Comece a pensar em si mesmo e a fazer com que coisas boas aconteçam a você. Ao fazer isso, também vai semeá-las ao seu redor.

Quando resolve fazer uma viagem e já tem tudo planejado, você fica confiante de que tudo correrá bem, não é mesmo? Qualquer que seja o meio de transporte escolhido – carro, ônibus ou avião –, você simplesmente se deixa conduzir. Sabe que o carro vai andar sem problemas e que o ônibus ou avião vai seguir seu itinerário. Você se sente feliz e tranquilo, pois confia que chegará ao destino. Relaxe, solte-se, entregue-se por inteiro. Pedindo, receberá.

Depois que desenvolver a fé dentro de si, saiba que ela vai se difundir na sua relação com os outros. Você não mais se deixará influenciar por pessoas que são negativas ou pessimistas o tempo todo. Você perceberá, finalmente, que tudo acontece dentro de nós. Quem tem fé enfrenta melhor as provações e os momentos difíceis.

No Evangelho segundo Mateus, Jesus descreveu a fé nos seguintes termos: *Não vos preocupeis com a vossa vida quanto ao que haveis de comer, nem com o vosso corpo quanto ao que haveis de vestir. Não é a vida mais do que o alimento e o corpo mais do que a roupa? Olhai as aves do céu: não semeiam, nem colhem, nem* ajuntam em celeiros. E, no entanto, vosso Pai celeste as alimenta. Ora, não valeis pelo menos tanto quanto elas? Quem dentre vós, com as suas preocupações, pode acrescentar um só côvado à duração da sua vida? E com a roupa, por que andais preocupados? Olhai os lírios do campo, como crescem, e não trabalham e nem fiam. E, no entanto, eu vos asseguro que nem Salomão, em toda a sua glória, jamais se vestiu como um deles. Ora, se Deus veste assim a erva do campo, que existe hoje e amanhã será cortada, não fará Ele muito mais por vós, homens fracos na fé? Por isso, não andeis preocupados, dizendo: Que iremos comer? Ou, que iremos beber? Ou, que iremos vestir? De fato, são os gentios que estão à procura de tudo isso: o vosso Pai celeste sabe que tendes necessidade de todas essas coisas. Buscai, em primeiro lugar, o Reino de Deus e a sua justiça, e tudo o mais vos será dado em acréscimo. Não vos preocupeis, portanto, com o dia de amanhã, pois o dia de amanhã cuidará ele mesmo dessas coisas. A cada dia basta o seu mal.

Essas palavras de Jesus nos convidam a viver o momento presente. De nada adianta preocupar-se com o amanhã. Se você aceitar que possui dentro de si o poder de atrair tudo aquilo de que precisa à medida que suas necessidades forem surgindo, não haverá nenhum motivo para que não seja assim para sempre.

Sorrir para a vida, estar cercado de beleza e atender às suas necessidades de hoje – é isso que importa. Como aconselha Jesus, não se preocupe tanto com o futuro. Sendo grato por aquilo que recebe diariamente, vivendo um dia de cada vez, você seguirá proporcionando a si mesmo tudo que lhe for preciso. O amanhã depende do agora. Se você se preocupar com o futuro, pensando nas coisas ruins que possam vir a acontecer, vai acabar atraindo as coisas desagradáveis que estiver imaginando. Essa é a essência do poder da criação. Caso se alimente exclusivamente de pensamentos positivos, sua vida tomará um rumo favorável.

EXERCÍCIOS

1. Realize um ato de fé, qualquer que seja. Escolha algo que sempre quis ter, algo que o faria feliz, e decida acreditar com fervor que possui todo o poder necessário para tornar esse desejo realidade.

2. Ponha desde já seu pensamento em prática. Planeje ao menos três ações para as próximas semanas.

3. Certifique-se de que seu desejo ajuda você a SER melhor. Lembre-se: o SER deve sempre vir antes do TER e do FAZER. "Se eu tivesse dinheiro suficiente ou se ganhasse na loteria, compraria a casa dos meus sonhos e seria finalmente feliz" – quando pensa assim, você está agindo contra as leis da vida.

4. Tome consciência de quem você quer ser e saiba que seu desejo o ajudará a alcançar seus objetivos. Mas lembre-se: suas ações não são simplesmente um meio de alcançar aquilo que você quer – elas devem expressar com sinceridade a pessoa que você almeja se tornar.

5. Repita esta afirmação o mais frequentemente possível até passar para o próximo capítulo:

> Sei que possuo uma grande riqueza divina e nela busco tudo que necessito em qualquer momento e em qualquer lugar.

CAPÍTULO 8

ENERGIA

Você acha que tem um bom nível de energia? Gostaria de ter mais? De acordo com um especialista da Califórnia que fez uma extensa pesquisa sobre o assunto, o corpo humano possui energia suficiente para manter uma cidade como Nova York iluminada por um mês inteiro. Não é impressionante?

Você há de concordar comigo se eu disser que a motivação e a satisfação de fazer o que amamos aumentam automaticamente nossa energia. Essa energia favorece a realização e o cumprimento de qualquer projeto.

Tomemos o exemplo de uma jovem que voltou para casa ao fim de um dia de trabalho. Está exausta, esgotada. Não tem ânimo sequer para preparar o jantar. Está pronta para ir deitar quando toca o telefone. É um amigo de quem gosta muito avisando que está indo visitá-la e deve chegar em meia hora. Não é difícil imaginar a jovem fazendo mil coisas ao mesmo tempo para pôr em ordem o apartamento e em seguida correndo até a loja da esquina para comprar uma boa garrafa de vinho. A campainha toca na hora combinada. A jovem está com uma aparência incrível, pronta para receber seu amigo, e está tudo milagrosamente impecável. De onde vem essa energia? O mais provável é que sua fonte seja a motivação.

A falta de energia é um sinal enviado pela sua superconsciência para lhe avisar, por meio do seu corpo, que neste momento você está agindo, pensando e vivendo de um modo que não lhe é benéfico e, por conseguinte, carece de vigor, interesse e motivação. Usar sua energia de maneira inadequada também causa falta de vitalidade.

Você já parou para se perguntar de onde vem toda essa energia de que tanto precisamos ao longo da vida? Afinal, não somos ligados a uma corrente elétrica. A energia divina é onipresente e nosso corpo está permanentemente ligado a ela através da energia solar e da energia terrestre. Tudo que existe na Terra, aliás, se mantém vivo graças a essa energia. Todos podemos percebê-la na emanação que circunda os seres humanos, os animais, as plantas e os minerais.

Nosso corpo energético – ou vital – é formado por milhares de pequenas linhas que contornam o corpo físico. Em sete lugares específicos do corpo, 21 dessas linhas se cruzam e formam um centro de energia, o que faz com que nesses pontos a energia seja muito mais concentrada. Em sânscrito, esses pontos do corpo humano denominam-se *chacras*. Estão situados entre a base da coluna vertebral e o topo da cabeça.

A ilustração a seguir mostra a localização dos diferentes centros de energia. Vou explicar cada um deles para que você possa entender melhor o que acontece quando utilizamos essa energia, seja de maneira benéfica ou não. Quando a usamos com inteligência, ou seja, para atender ao nosso plano de vida (que é viver com amor e segundo nossas necessidades), a energia flui de cima para baixo e de baixo para cima. É por isso que você sente tanta energia quando está apaixonado, por exemplo.

CENTROS DE ENERGIA OU CHACRAS

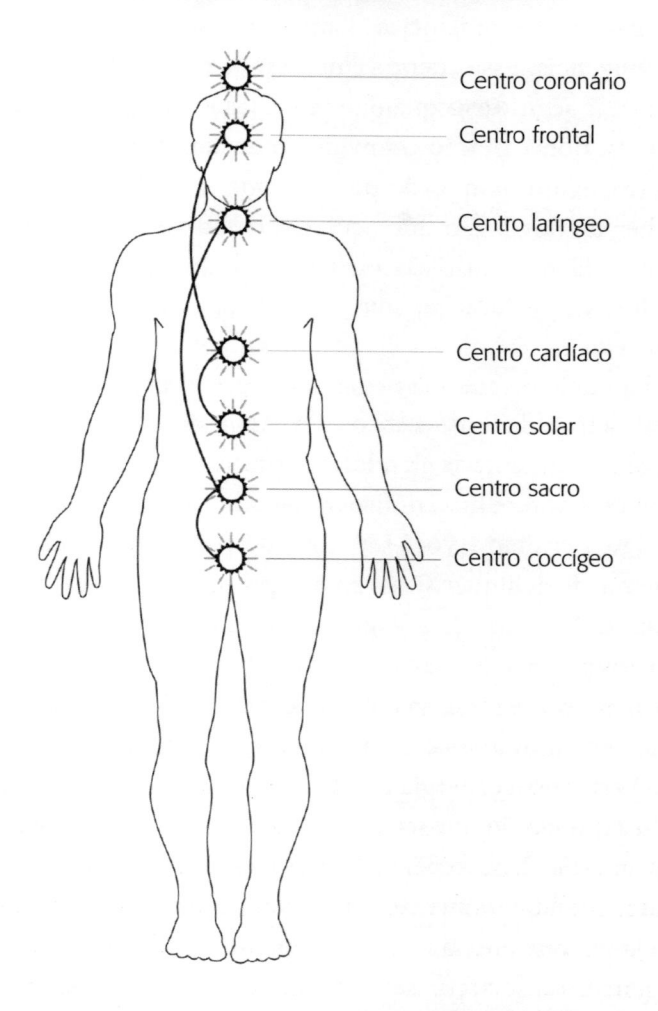

- Centro coronário
- Centro frontal
- Centro laríngeo
- Centro cardíaco
- Centro solar
- Centro sacro
- Centro coccígeo

Quando você deixa sua vida ser conduzida pelo seu ego, isto é, pelos seus medos e crenças não benéficas, você bloqueia o fluxo de energia. É por isso que você se sente tão sem forças quando vivencia emoções intensas e medos ou quando não atenta para as suas necessidades.

O primeiro centro é o ***coccígeo*** e está situado na base da coluna vertebral. É o centro que nos liga diretamente à energia terrestre, denominada "energia telúrica". Constitui a sede da força física e da sobrevivência. Essa energia é necessária para você manter sua fé e se sentir seguro em qualquer circunstância. Porém, quando sente raiva, dor, irritação ou medo, você consome essa energia, e o centro, agora bloqueado por seus medos, não tem como se preencher de novo. É o que ocorre quando você sente que sua sobrevivência está em risco, ou seja, quando teme perder aquilo que lhe traz segurança, como dinheiro, posses, trabalho, um cônjuge, etc.

Um bloqueio de energia nesse ponto pode causar dores diversas desde a base das costas até os pés. Além disso, o centro coccígeo afeta diretamente as glândulas suprarrenais, que produzem a cortisona e a adrenalina, indispensáveis ao corpo para enfrentar um perigo. Resultado: você será tomado pelo pânico quando estiver diante de qualquer situação que pareça perigosa.

O segundo centro de energia, o *sacro*, está situado na região dos órgãos sexuais, entre o púbis e o umbigo. O cruzamento das 21 linhas acontece atrás da coluna vertebral, ao longo das costas. É nesse centro que você gera o poder de criar sua vida como deseja. Essa mesma energia é utilizada para as atividades sexuais, sendo a reprodução, ou seja, a criação, o objetivo primeiro dos órgãos sexuais. Esse centro é diretamente ligado ao centro da garganta, o qual, por sua vez, ajuda você a passar para a ação. O centro sacro representa o "Sim, eu posso", que é ligado ao centro da garganta, que representa o "Sim, eu quero". Desse modo, o centro sacro fornece a energia essencial que lhe permite acreditar em suas habilidades, tomar decisões e adaptar-se às mudanças – e também se unir sexualmente à pessoa amada.

Quando a energia do centro sacro é mal utilizada, por exemplo, numa atividade sexual que envolva raiva, orgulho, ciúme, egoísmo ou posse, isso não raro resulta num distúrbio das glândulas sexuais e da garganta. Assim que você aprender a se libertar dessas emoções destrutivas, a energia desse centro poderá fluir livremente para o centro da garganta, contribuindo para criar aquilo que você deseja e para desenvolver seus dons e talentos.

O terceiro centro é o *solar (plexo)* e está situado entre o umbigo e o coração. Sua energia é fundamental para alimentar aqueles nossos desejos que correspondem às necessidades da nossa alma. É a energia utilizada para pensar, organizar, visualizar e sentir aquilo que queremos ver acontecer em nossa vida. Essa energia é bloqueada, contudo, quando você experimenta emoções intensas porque nutria expectativas em relação aos outros – ou a si mesmo – e as coisas não saíram do jeito esperado. Toda emoção de frustração, decepção, raiva ou culpa exaure esse centro de sua energia e o bloqueia.

A obstrução desse chacra pode causar problemas no pâncreas e no sistema digestivo como um todo.

O quarto chacra denomina-se centro *cardíaco* e se encontra na região do coração; é um centro extremamente importante, uma vez que é a fonte do nosso amor incondicional. Essa energia é necessária para que possamos agir com amor e com alegria, elogiar a nós mesmos e, sobretudo, nos aceitar como somos – especialmente naqueles aspectos que consideramos negativos. O centro cardíaco liga os três primeiros chacras aos três seguintes, ajudando-nos a ter mais consciência de que somos, antes de tudo, seres espirituais.

Muitas pessoas têm a energia do coração bloqueada porque não se aceitam como são. Estão sempre querendo mudar a si mesmas, veem defeitos onde não existe, rejeitam sua aparência. Além de sofrerem com a pressão social, da mídia e das pessoas que as rodeiam, não se permitem expressar raiva, impaciência, intolerância, etc. Em suma, querem ser perfeitas em tudo.

A energia do coração é bloqueada quando você é duro e exigente demais consigo mesmo, quando depende do amor e dos elogios dos outros para se sentir feliz, quando critica a si mesmo e também quando leva a vida muito a sério. Esse bloqueio afeta toda a região do coração, dos pulmões, dos brônquios e dos ombros até os dedos. Afeta, além disso, a glândula timo, que cumpre um papel importante na configuração do sistema.

O quinto centro é chamado de *laríngeo*. Encontra-se na altura da garganta e é o gerador da criatividade e da expressão. Sua energia nos faz expressar aquilo que queremos, além de contribuir para colocar nossos planos em prática. É também a energia que nos ajuda a aplicar a noção de responsabilidade.

Para tornar esse centro mais harmonioso, você precisa dar vazão ao seu lado criativo. Sua criação pode ser de ordem artística, literária, musical ou até paisagística. Você pode se expressar criativamente no trabalho ou praticando um hobby – o mais importante é que consiga criar sua vida tal como a deseja. Para aprofundar essa harmonia, você deve ser verdadeiro em seus pensamentos, suas palavras e suas ações.

Esse centro é chamado de *porta da libertação*. Quando você ama com seu coração e é verdadeiro, sua energia flui livremente e sobe até sua parte mais sensível e espiritual, representada pelos dois últimos chacras.

Quando você faz o inverso, ou seja, quando não é verdadeiro, quando deixa de ouvir e expressar suas necessidades por medo ou quando joga nos outros a responsabilidade de suprir essas necessidades, você bloqueia a energia desse centro e esvazia sua reserva.

Esse bloqueio interfere diretamente na glândula tireoide, a qual, por sua vez, afeta todo o sistema nervoso, o metabolismo, o controle muscular e a produção do calor do corpo. Ele também está associado a problemas nos ouvidos internos, na garganta, na nuca e na boca (dentes e maxilares).

O sexto centro é conhecido como *frontal* e está situado entre as sobrancelhas, no ponto que também chamamos de terceiro olho. É a fonte dos dons, dos poderes paranormais, da intuição, da clarividência, da clarissenciência e da clariaudiência.

Sua principal função consiste em desenvolver a verdadeira individualidade do ser humano, fazendo com que ele utilize sua intuição para ser mais consciente e para realizar seu plano de vida. A energia desse centro também nos ajuda a enxergar além das aparências e a amar incondicionalmente a todos que nos rodeiam. Além disso, ela nos permite saber se estamos realmente agindo de acordo com nossa verdade a cada momento.

Essa energia é reprimida quando usamos nossa intuição para impressionar os outros ou quando deixamos a racionalidade interferir demais em nossa vida. Também é afetada quando nos julgamos superiores aos outros e buscamos convencê-los a mudar em vez de aceitá-los como são.

Esse bloqueio afeta a região que compreende o nariz, os olhos, os ouvidos externos – a capacidade de ouvir –, a testa e a cabeça, sendo também fonte de diversos problemas psicológicos.

O sétimo centro denomina-se *coronário* e está localizado no topo da cabeça, na linha capilar. É aquele que nos conecta diretamente com a energia solar, também chamada de "energia cósmica". É o centro da grande iluminação. Sua alta frequência está na origem do halo, a auréola que circunda a cabeça dos santos e seres altamente espirituais.

Esse centro nos fornece energia para sentir a nossa centelha divina, para viver a experiência da união total com tudo que existe, com tudo que vive. Jesus veio à Terra para nos mostrar que essa grande união é possível. Saber que somos uma manifestação de Deus implica lembrar que nunca estamos sozinhos, que somos parte do grande todo que é a humanidade. É não ter dúvida alguma, é expressar nossa verdadeira natureza em todos os momentos.

Sempre que rejeita a si mesmo ou se sente rejeitado por alguém, você bloqueia essa energia. Um bloqueio nesse centro causa enxaquecas e problemas de pele. Um bloqueio mais severo acarreta problemas psicológicos graves, podendo chegar ao ponto de o indivíduo não saber quem ele é.

Como você pode ver, a energia do corpo humano provém de várias fontes – da água que bebemos, do ar que respiramos e dos alimentos que ingerimos –, mas a maior parte de nossa energia emana da atividade do corpo energético. Essa atividade é determinada por nossos pensamentos e atitudes. Quando estes são benéficos para nós e para os outros, a energia circula livremente. Caso contrário, permanece bloqueada e inoperante.

No passado, poucas pessoas eram conscientes o bastante para perceber que podiam mudar seu nível de energia pelo simples poder do pensamento. Hoje em dia, felizmente, a situação é diferente.

Tudo que existe é energia. É essencial, portanto, que ela seja distribuída com equidade, isto é, que haja um justo equilíbrio entre dar e receber. Se você dá continuamente sua energia aos outros e se recusa a receber em troca, terá dificuldade em alcançar a harmonia interior. Quanto mais justa e bem distribuída a circulação da energia, melhor para o ser humano.

Por outro lado, quanto mais energia você investir na realização de seus desejos, mais rapidamente eles vão se concretizar. Quem espera receber sem fazer esforço desconhece o poder da energia.

A troca de energia deve existir sempre. Um casal que troque energia de maneira desigual não ficará junto por muito tempo. Os dois parceiros devem se completar, e não ser dependentes um do outro. Eles estão juntos para se ajudar mutuamente e crescer. O mesmo se aplica à relação entre pais e filhos. É preciso haver uma troca equitativa de energia – algo que, aliás, você certamente já aprendeu com suas experiências pessoais.

O sentimento de morar numa casa que você ganhou de presente, por exemplo, nunca será tão gratificante quanto a satisfação de morar numa casa que você conquistou com seu esforço. Quanto mais energia investimos para realizar alguma coisa, mais precioso se torna o seu valor. Um erro comum é achar que podemos receber tudo gratuitamente, sem dar nada em troca. Por exemplo, se uma pessoa tem alguma limitação e sente pena de si mesma, isolando-se em seu sofrimento, alimentando mágoas e raiva do mundo, está deixando sua energia estagnada. Se ela se abrisse e tentasse desenvolver uma atividade artística ou se envolvesse em um tipo de trabalho social, estaria usando essa energia de forma construtiva, o que faria bem a ela mesma e a todos à sua volta. Todos nós temos problemas e dificuldades, mas podemos buscar a alegria para fazer a diferença na nossa vida e na das outras pessoas. Esses são bons exemplos de troca de energia.

EXERCÍCIOS

1. Reserve alguns minutos ao fim dos próximos dias para verificar como está se sentindo em termos de energia.

2. Nos dias em que se sentir sem energia, responda às seguintes perguntas: Você tem a impressão de que sua energia está sendo drenada pelos outros e para os outros? Se sim, por quem e para quem? Você aceita fazer tudo pelas outras pessoas e acaba sem energia suficiente para si mesmo? Se isso estiver acontecendo, saiba que é porque você dá com a expectativa de ser amado, e não por amor a si mesmo.

3. Procure anotar o que você realmente deseja quando estiver

enfrentando situações que lhe provoquem emoções fortes e drenem sua energia.

4. Depois comunique sua posição às pessoas envolvidas, explicando sua motivação. No início você pode não saber muito bem como expressar suas necessidades, mas tudo bem. Isso é normal.

5. Repita esta afirmação o mais frequentemente possível:

Estou mais consciente do poder de minha grande energia, reaprendendo a usá-la com sabedoria e a desenvolver mais amor por mim mesmo.

PARTE II

ESCUTE O SEU CORPO MENTAL

CAPÍTULO 9
EGO E ORGULHO

Neste livro eu falo bastante sobre o ego. Mas o que ele é exatamente? Às vezes chamado de "pequeno eu", o ego é o EU que julgamos ser. Ele se forma a partir da nossa energia mental, isto é, de nossas memórias e principalmente de nossas crenças. Na realidade, o ego é a soma de todas as nossas crenças mentais, sejam elas benéficas para nós ou não. O ego cresce à medida que essas crenças se multiplicam. Ele acredita que está aqui para nos proteger, nos orientar e ditar a melhor conduta a seguir. Só que o ego decide com base em nossas crenças, que costumam ser criadas a partir de uma experiência desagradável; consequentemente, ele tende a nos motivar mais pelo medo do que pelo amor ou pela escuta de nossas necessidades.

O ego não tem como conhecer nossas necessidades porque é constituído de matéria mental, ao passo que nossas necessidades derivam exclusivamente de nossa dimensão espiritual. O ego também não pode resolver nossos problemas, porque é parte de cada um deles. Com o passar do tempo, o ego vai ganhando tamanha dimensão que aos poucos nos deixamos invadir por ele, confundimos nossa identidade com ele e finalmente lhe damos o poder de assumir o comando total da nossa vida.

Nesse momento já não somos nós mesmos. Já não atentamos para as nossas verdadeiras necessidades e tampouco vivemos o momento atual. Ficamos presos no passado ou no futuro, refreando assim nossa evolução, o que nos impede de nos abrirmos para o novo.

Sempre que você experimenta emoções, sempre que a vida lhe parece difícil e penosa ou sempre que você se vê diante de um mal-estar interior, saiba que se deixou levar por seu ego. É importante tomar consciência disso quanto antes a fim de recuperar o controle da sua vida, para não ser mais manipulado sem sequer se dar conta.

Quanto mais uma pessoa se deixa influenciar pela voz de seu ego, mais certeza tem de ser a "dona da verdade". Ela começa a se achar melhor do que os outros – às vezes até superior –, desenvolvendo assim um orgulho que pode ser mais prejudicial do que o próprio ego. Você certamente já viu pessoas muito orgulhosas; elas são assim porque possuem um imenso ego manipulador.

Vejamos um exemplo para distinguir ego de orgulho.

Uma mulher tem muita coisa para fazer no trabalho e, embora precise fazer uma pausa, acredita que é errado descansar antes de cumprir suas tarefas. Se ela se permite parar para tomar um café, sente-se culpada e tem medo de ser flagrada cometendo esse "erro". Nesse caso, é o ego que define seu comportamento. Ela nunca está bem, nunca se sente feliz, porque é confrontada constantemente com o medo e a culpa, consequências diretas de ter deixado seu ego decidir por ela. Entretanto, o ego se transforma em orgulho quando essa mulher impõe aos outros suas crenças e seu modo de agir, ou quando critica os demais por estarem à toa quando ainda têm tarefas pendentes. Ela está convencida de que está certa, acreditando que detém a verdade absoluta. Como você pode ver, a conversão do ego em orgulho prejudica muito as relações.

Nunca conheci uma pessoa que tivesse dominado totalmente seu orgulho. Ele é a manifestação de um grande medo de si mesmo, mas também é motivado pela nossa busca da perfeição. O ser humano tem plena consciência de possuir essa perfeição divina dentro de si, mas a explora de forma inadequada.

O orgulhoso é aquele que sempre quer ter razão, obter ganho de causa e, por conseguinte, tirar a razão de todos que o cercam. Para ele, ter razão significa não ter cometido nenhum erro e, portanto, ser perfeito. O problema é que ele procura a perfeição no mundo material, sendo que ela só existe no mundo espiritual. A força e o poder que o orgulho aparentemente lhe confere não passam de mera ilusão, já que na realidade o orgulhoso sempre perde. Ele teme o tempo todo por si mesmo. Seu maior medo é não ser amado, não ser compreendido e, principalmente, ser rejeitado. Acredita piamente que, se for perfeito – segundo sua própria ideia de perfeição –, será mais digno de amor.

Dizem que o orgulho constitui o maior flagelo da humanidade, originando os grandes conflitos sociais, as rivalidades entre os povos, as guerras e intrigas, os ódios e ressentimentos contra nossos semelhantes. O orgulho endurece o coração e nos impede de aceitar os outros como eles são. É um grande obstáculo ao verdadeiro amor. Tentar mudar alguém, por qualquer motivo que seja, é uma forma de orgulho. Quando acredita que está sempre certo ou tem razão e julga as outras pessoas estúpidas ou inadequadas, você se torna o único perdedor nessa história.

Quanto mais você deixa o orgulho tomar conta, mais caro isso lhe custa em termos de amor, relacionamentos, saúde e felicidade. Pense nisso.

O maior orgulhoso é também aquele que menos conhece a si mesmo. É tão cheio de certezas que qualquer tentativa de argumentar com ele costuma ser em vão. Ele não quer saber da opinião dos outros e não tolera a menor contradição ou discussão. Por outro lado, aprecia a companhia de quem o adula, mas não tem consciência de que tudo aquilo que faz com a intenção de ser aplaudido acaba se voltando contra ele.

É por isso que tantas pessoas bem-intencionadas tomam iniciativas que se tornam prejudiciais para elas mesmas – é que, no decorrer do caminho, o orgulho passou a prevalecer.

Existem dois tipos de orgulho: o **mental** e o **espiritual**.

Tem orgulho mental aquele que julga saber tudo. Basta seus conhecimentos serem questionados para seu orgulho vir à tona e desencadear uma longa explicação de seu ponto de vista para convencer a outra pessoa. Sua maneira de ser e se comportar é bem reconhecível: fala alto, depressa e de forma insistente. Quer tanto ter razão que lança mão de todos os meios necessários para conseguir provar isso e só para quando seu interlocutor diz: *Ah, entendi, talvez você tenha mesmo razão*. Ele então julga ter vencido, quando, no fundo, perdeu.

Outro traço típico de quem tem orgulho mental é o emprego recorrente de frases como: *Eu já sabia. Eu tinha certeza.* A pessoa acha que sabe tudo. Ora, se ela realmente sabe tudo, por que faz tanta questão de enfatizar isso?

E você, pronuncia essas frases com frequência? Sem dúvida, o mais importante é *você* ter ciência disso. O resto pouco importa. A questão é: por que os outros precisam saber que você já sabia? Que diferença isso faz na sua vida?

Agora falemos do orgulho espiritual. Enquanto o orgulho mental se situa no nível do conhecimento, o orgulho espiritual pertence à esfera do "ser". Paradoxalmente, quanto mais alguém se dedica ao desenvolvimento pessoal, quanto mais consciente se torna, maior é o perigo de se deixar dominar pelo orgulho espiritual. Essa pessoa começa a se sentir superior aos outros: *Eu sou melhor que você./ Ela não é tão evoluída quanto eu.* Conheci várias pessoas que tinham alcançado um bom nível de evolução espiritual, mas que, assim que começavam a querer ajudar os outros, deixavam o orgulho falar mais alto e se perdiam totalmente na própria vaidade.

Daí a importância de tomar cuidado, especialmente quando você se torna mais consciente. Sentir-se superior porque atingiu um alto nível de evolução pessoal não torna os outros inferiores. Seria como comparar-se a um elefante enquanto compara as outras pessoas a gatos. Equivale também a afirmar que você é Deus e o outro não é. A grande lei espiritual consiste em ver o divino em tudo – em si mesmo e em cada indivíduo.

O que torna mais difícil a tarefa de dominar o orgulho é que, quando uma pessoa se deixa tomar por ele, isso tende a despertar o orgulho da outra. Quando dois orgulhosos se enfrentam, o resultado é invariavelmente uma batalha de egos. E dessa batalha nenhum lado sai vitorioso de verdade.

A melhor forma de dominar seu orgulho quando você está diante de alguém que quer ter razão a todo custo é evitar o embate inútil. Aceite que, naquele momento, a pessoa possui uma verdade que é importante aos olhos dela. Essa verdade é tão importante para ela quanto a sua é para você. Quem tem razão? Ambos, sem a menor dúvida. Depende da percepção de cada um.

Em suma, você aceita em seu íntimo que a outra pessoa também tem razão e que sua verdade é tão pertinente quanto a dela. Em geral, sugiro dizer o seguinte: *Aceito o seu ponto de vista, mesmo que seja diferente do meu e mesmo que eu não o entenda. Reconheço que esse ponto de vista é importante para você. Que tal concordarmos que discordamos sobre esse assunto?* A pessoa ficará perplexa. O orgulhoso, repito, quer sempre ganhar, ter razão e passar a impressão de que o outro perdeu. Diante dessa resposta, porém, ele se vê numa situação em que sua verdade é aceita ao mesmo tempo que percebe que o outro não perdeu. Agindo dessa forma, você mantém sua posição e evita ser submisso.

Você é submisso quando muda o seu ponto de vista com o intuito de ser amado ou para evitar uma discussão. No fim, os dois saem perdendo: você por sua submissão, pois sente que lhe tiraram a energia, e o outro por achar ter vencido quando de fato perdeu. É claro que essa sensação momentânea proporciona a ele algum poder, mas da maneira errada.

O orgulhoso sente uma onda de energia quando vence uma discussão, mas essa é uma energia passageira e nociva. A pessoa começa a se ver obrigada a levar a melhor cada vez mais para voltar a experimentar essa sensação. O que ela não sabe é que, ao deixar seu orgulho dominá-la dessa forma, o ego acaba drenando toda a sua energia a longo prazo.

As pessoas deveriam encontrar seu poder dentro de si mesmas, e não subjugando os outros.

O oposto do orgulho é a humildade. Entretanto, muitas pessoas se mostram humildes para camuflar uma fraqueza. Têm tanto medo de estar erradas que facilmente se submetem à opinião alheia, mesmo sem estar de acordo com ela. Mas basta dar algum poder a essas pessoas para que elas se transformem na mesma hora. A humildade desaparece como que por milagre!

Há também aqueles que tendem a depreciar a si mesmos, sendo incapazes de aceitar seus talentos e qualidades. Ficam sem jeito quando alguém lhes faz um elogio. Você pode achar que é sinal de humildade, mas isso não passa de falsa modéstia, que, na realidade, é uma forma de orgulho. Quando uma pessoa diz *Não, eu não sou tão bom assim, você é muito mais habilidoso que eu*, está na verdade buscando elogios.

O ideal é nos compararmos a alguém melhor do que nós em

determinada área, sem inveja nem despeito, compreendendo que essa pessoa está simplesmente mais conectada com seu poder interior. Assim fica mais fácil aceitar que qualquer pessoa é tão perfeita quanto nós e que todos temos muito a aprender uns com os outros.

O orgulho costuma engendrar muitos outros comportamentos negativos, como a hipocrisia. Pode ser importante saber reconhecer duas formas de hipocrisia: a pessoa extraordinária que se faz de comum e a pessoa comum que se faz de extraordinária. Ambas nos confundem: uma por falsa modéstia, a outra por vaidade.

Precisamos controlar nosso orgulho para nos tornarmos mais conscientes daquilo que nos motiva: é buscar a glória a todo custo, é ser reconhecido pelos outros como sendo o melhor? Pense bem se é tão importante assim ter razão. Pense em quanto isso lhe custa!

Você ajuda alguém querendo que lhe digam como você é generoso? Espera que suas boas ações sejam alardeadas aos quatro ventos? Demonstra humildade quando na realidade anseia por ser reconhecido? Observe a si mesmo com honestidade. Digamos que você ajude uma pessoa oferecendo conselhos a ela. Então essa pessoa conta para todo mundo que tomou as rédeas da situação e que fez muitas mudanças na própria vida, mas tudo isso sem nem mencionar a sua ajuda. Frustrante, não é? Você a julga ingrata e mal-agradecida? Esperava que ela dissesse que conquistou tudo isso graças a você? Se pensa assim, essa é uma forma de orgulho. Buscar gratidão a todo custo é sinal de falta de confiança em si mesmo. É natural e humano gostar de ser reconhecido, mas não devemos desejar isso a qualquer preço.

Pense em seu ego como uma entidade externa que quer influenciá-lo para ter razão. O ego se manifesta por meio daquela voz incessante dentro da sua cabeça. Você precisa decidir que quer administrar sua vida e impedir que essa entidade invasiva faça isso em seu lugar.

Proponho que você dê um nome a esse ego, esse orgulho, essa voz que está o tempo todo falando com você – da mesma forma como deu um nome à sua superconsciência. Pode chamar de VOX, por exemplo. Sempre que sentir sua presença e suspeitar que ela quer criar conflitos internos, diga-lhe o seguinte: *VOX, sei que você quer me apoiar, que está convencida de que tem razão, mas neste momento quero viver algo diferente. Quero viver minha vida sem sentir medo nem culpa, e não se preocupe: sou capaz de arcar com as consequências das minhas escolhas.*

Retomar seu poder gera efeitos surpreendentes, você vai ver.

Quando o ego assume o comando, você deixa de ser quem é, deixa de expressar seu Deus interior, que tenta de todas as formas fazer você viver com base no amor. O ego tem um único objetivo: mantê-lo com medo e influenciá-lo, pois está convencido de que tem razão e que o está ajudando com suas palavras e crenças. Cabe a você resistir.

Mas você precisa estar preparado, porque seu ego fará tudo que puder para sobreviver. Ele vai reagir tão logo você decida dominá-lo, e o ataque dele será mais intenso nas três primeiras semanas. Depois disso, a resistência começará a atenuar e tudo se tornará mais fácil. E você poderá enfim reassumir seu poder sobre si mesmo.

Imagine o ego como uma pessoa que aparece o tempo todo na sua casa, faz você se sentir culpado e alimenta seus receios. Essa pessoa acredita que o está ajudando quando impõe seu modo de pensar e de agir. Se você se acostumou a deixar que ela o perturbe a qualquer hora do dia, é normal que ela se sinta em casa.

Se você decidir não lhe dar mais ouvidos e, principalmente, se não fizer mais o que ela quer, essa pessoa vai sentir que está perdendo território num lugar onde se sentia tão à vontade e tão importante. Então ela voltará com tudo, lançando mão de todos os meios possíveis para convencê-lo a mudar de ideia ao mesmo tempo que vai querer testar a firmeza da sua decisão.

É o que acontece com o ego. Quando ele perceber que você é capaz de fazer as próprias escolhas, vai gradualmente diminuir de intensidade.

Tornar-se mais consciente desse processo é fundamental, pois já faz muito tempo que o ego predomina no ser humano. Não podemos nos livrar dele, mas, aos poucos, conseguimos diminuir seu poder sobre nós.

Ao ler tudo isso, talvez você fique perturbado por descobrir que é mais orgulhoso do que imaginava. Mas não seja tão severo consigo mesmo. Meu objetivo não é deixar você triste e desapontado consigo mesmo, e sim ajudá-lo a se conscientizar de que foi justamente esse orgulho que o impediu de se amar verdadeiramente até agora.

Além de causar problemas no plano dos relacionamentos, o ego também traz danos à saúde física. As consequências do endurecimento emocional causadas pela influência do ego resultam em diversas escleroses, bem como em problemas articulares em todo o corpo, particularmente nas regiões do pescoço e dos joelhos.

O ideal seria deixar o coração dirigir nossa vida, aprendendo a ser menos duros conosco e com os outros. Atitudes simples e sinceras têm o poder de nos fazer experimentar um sentimento de alegria bem mais intenso que o de estar sempre com a razão.

Se depois desta leitura você perceber que alguns cordões com seus pais não foram rompidos e que você ainda reluta em rompê--los, isso pode ser um sinal de orgulho. Perdoar a si mesmo e fazer um ato de amor pelo outro não tem nada a ver com perder ou ganhar. As pessoas ligadas a você por esse cordão são o mais perfeitas possível a cada momento. Cada um faz o seu melhor de acordo com seu nível de conhecimento e consciência. O amor pode apenas ter se manifestado de maneira errada. Para recomeçar sobre novos pilares, é preciso abrir o coração e deixar o orgulho de lado. Esse é o maior bem que podemos fazer por nós mesmos e pelos outros, uma vez que, mostrando nosso coração, ajudamos o outro a mostrar o dele.

Tudo sempre volta ao amor. Cada gesto de amor verdadeiro contribui para resolver situações difíceis e transforma nossa vida numa profusão de pequenas e grandes alegrias. O amor guarda um imenso poder de cura nos planos físico, emocional e mental.

Lembre-se de que por trás do orgulho sempre se escondem os medos que nos habitam. O maior deles é o de não ser amado, que é a raiz de muitos outros, como o de ser rejeitado, julgado, criticado, humilhado, de não estar à altura, de perder alguém, etc.

Ao se ver diante de uma pessoa orgulhosa, tente perceber o sofrimento e o medo que ela sente e que se refletem em um comportamento nocivo. Essa pessoa talvez tente mudá-lo, assustá-lo com atitudes incisivas e autoritárias. Mas não se deixe impressionar ou intimidar. Na realidade, ela está tão assustada quanto você. Não tente responder no mesmo tom usando a cabeça – ou seja, o ego. Ao sentir a dor que ela sente, você estará mais apto a tocar seu coração.

EXERCÍCIOS

1. Você tem vivido situações desagradáveis com alguma pessoa? Escreva tudo que aconteceu nos últimos dias relacionado a isso: podem ser pensamentos, palavras ou ações.

2. Verifique quantas vezes seu orgulho se manifestou a ponto de você rebaixar essa pessoa ou tentar fazê-la se sentir inferior. Pode

ser orgulho mental, do tipo "Eu sei mais do que você", ou orgulho espiritual, do tipo "Eu sou melhor do que você". As duas formas de orgulho raramente se expressam com essas palavras, mas a ideia está implícita em comentários como "Por que você não consegue fazer tal coisa? É tão fácil". Seja honesto consigo mesmo; ninguém precisa ler o que você escrever aqui. Este exercício não pretende fazê-lo se sentir culpado, e sim ajudá-lo a se conscientizar da situação atual e a tomar melhores decisões para o futuro.

3. Observe também quanto seu orgulho já lhe custou em termos de saúde, paz interior, relacionamentos, alegria e amor pelos outros. Você está disposto a continuar pagando esse preço? Se chegou a esta página é porque deseja tomar as rédeas da própria vida e atender às suas reais necessidades.

4. Esta tarefa é mais difícil, mas constitui uma vitória enorme sobre seu ego e seu orgulho. Escolha uma situação em que seu ego tenha falado mais alto e chame a pessoa envolvida para uma conversa. Explique a ela o que acabou de perceber: que você se deixou levar por seus medos e seu orgulho. Afirme que você decidiu silenciar seu ego e peça à pessoa que seja paciente com você durante o tempo que durar sua transformação. Esse novo ato de amor lhe fará muito bem.

5. Repita a seguinte afirmação o mais frequentemente possível:

> Eu aceito o meu orgulho e o vejo diminuir dia após dia à medida que reconheço a presença de Deus em mim e em todos que me cercam.

CAPÍTULO 10
CERTO E ERRADO

O conceito de certo e errado, de bem e mal, de bom e ruim, tem governado o mundo desde o início dos tempos. É uma criação da nossa dimensão mental, isto é, da nossa parte humana. Quando pensamos que uma coisa é ruim, é isso que ela automaticamente passa a ser para nós. Outra pessoa poderia interpretar essa coisa como boa, a partir da percepção dela.

Imaginemos um indivíduo fazendo sua corrida matinal, sem camisa, em pleno inverno. Isso para ele é algo benéfico. Ele gosta de sentir o sol na pele, apesar do frio. A temperatura não o incomoda e ele se sente revigorado, energizado para começar o dia. No entanto, uma pessoa friorenta poderia se espantar e pensar: *Meu Deus, que absurdo correr sem camisa nesse frio! Assim ele vai acabar pegando um resfriado!* Sua reação indica que ela já decretou que aquilo é errado, mesmo sem conhecer o sujeito e as motivações dele.

Ou seja, certo e errado não passam de uma criação humana, que funciona a partir de uma lente individual. É claro que não estamos falando aqui de crueldades, crimes, abusos ou coisas do tipo. Estamos falando, sim, de comportamentos triviais que julgamos em nós mesmos e nos outros diariamente.

Perdemos muito tempo administrando a nossa vida em função desse julgamento. Quantas vezes você deixa de fazer algo que deseja por medo de que os outros digam que é errado? Quando fazemos isso, somos controlados por avaliações externas, e não por verdades que vêm de dentro de nós.

Quando você se deixa controlar pelo medo e pela culpa é porque já qualificou muitas coisas como certo e errado na sua cabeça. E quando tem pensamentos ou atitudes que considera errados, fica atormentado por dentro.

O conceito que nos incutem de que Satanás é mau e Deus é bom também é uma invenção da humanidade. Depois de entender que Deus e a perfeição estão em toda parte, você perceberá que Satanás e seu conceito correspondente de "pecado" são criações destinadas a instilar medo. Reconhecer o mal é reconhecer o medo, o que é contrário às Leis Universais Naturais. Deus é amor, e onde há amor não há medo.

É uma lei divina que vivamos em paz e harmonia. A humanidade só experimenta desconforto quando vive contra essa lei natural. A grande lei de CAUSA e EFEITO foi criada para nos ajudar a ser mais conscientes e a fazer escolhas inteligentes. Na vida não existem erros, apenas experiências que nos ensinam a crescer e a compreender quem somos.

A palavra *erro* é outra invenção humana. Se os termos *pecado, erro, trapaça* e tantos outros não constassem no dicionário, você pensaria neles? Você lhes daria alguma importância? Todo esse vocabulário foi inventado há muito tempo. Influenciadas pelo ego, pessoas que julgavam conhecer as grandes leis naturais de Deus passaram a decretar suas próprias leis. Foi assim que, ao longo dos séculos, a sede de poder tomou conta da humanidade. Valores, métodos, hábitos e princípios se tornaram tão numerosos que o ser humano se tornou impotente, incapaz de dirigir a própria vida.

Está mais do que na hora de você parar e observar a si mesmo através dos seus próprios valores. Eles ainda correspondem às suas necessidades? Você ainda acredita neles, ou age por medo ou para agradar aos outros? Eles fazem você feliz?

Quando a noção de certo e errado está muito arraigada, ela limita a realização dos seus sonhos e causa conflitos internos. Você passa a reprimir seus desejos o tempo todo: *Não devo, não é certo, não posso, é egoísmo querer isso para mim...* Essa maneira de pensar o aprisiona na culpa.

As pessoas com personalidade forte costumam ter dificuldades para deixar sua criança interior manifestar suas vontades. Elas acreditam numa infinidade de noções e conceitos, convencidas, por exemplo, de que são melhores que os outros, e, por isso, muitas vezes tentam mudar o comportamento ou o pensamento alheio. São excessivamente dominadas por sua própria visão de certo e errado, daí terem tanta dificuldade em aceitar os outros como eles são.

A verdade é algo muito relativo. Cada um acredita deter a verdade segundo seu nível de evolução e com base nos seus conhecimentos. A verdade de uma pessoa é, portanto, tão válida quanto a de qualquer outra. Corresponde ao desenvolvimento de cada indivíduo. Assim, em vez de tentar mudar todo mundo, tratemos de aceitar a todos como são e respeitar sua verdade. Cada nova experiência se tornará um novo aprendizado, ou seja, uma mudança, um avanço que conduz à evolução. Está aí um ótimo exercício para reduzir o domínio do ego.

Quanto mais forte sua noção de certo e errado, mais rígido você se torna consigo mesmo e com os outros, embora nem sempre se dê conta disso. Se for esse o caso, você provavelmente deixa passar boas oportunidades de viver momentos felizes. Está tão ocupado julgando e criticando os outros que perde a capacidade de determinar o que é benéfico para a própria vida. O que acontece com uma pessoa assim? Ela não sente bem-estar e está sempre sobrecarregada emocionalmente.

Se você julga que uma coisa é certa e alguém próximo diz exatamente o contrário, você não fica desapontado, decepcionado, frustrado? Não é irritante? Você não tenta convencer a pessoa a mudar seu ponto de vista? Isso é sinal de que você também faz isso consigo mesmo. Como você reage quando faz algo que considera errado? Você se zanga, se recrimina, se julga e tenta mudar a si próprio. Isso contraria a grande lei do amor, que diz que devemos nos aceitar em todos os nossos aspectos.

Você escolheu seu modo de vida, inclusive seus hábitos atuais, porque achou que eram certos e, portanto, válidos e benéficos para você. Mas você é mesmo o autor dessa decisão? Ou estava sendo guiado por uma influência qualquer?

Tomemos o exemplo do sono. Dizem que o ideal seria dormirmos oito horas por noite. Mas de quantas horas de sono *você*, pessoalmente, precisa a cada dia? Para dormir o suficiente, você deve ouvir a necessidade do seu corpo. Muita gente vai para a cama todo dia no mesmo horário, mas fica rolando de um lado para o outro, sem sono. Está claro que, quem faz isso, não está ouvindo seu corpo.

Antes de ir se deitar, você pode perguntar a si mesmo se está com sono. Caso se sinta cansado, não necessariamente precisa dormir, e sim repousar. Nesse contexto, escolha uma atividade que considere relaxante. Pode ser ouvir música, tomar um banho morno, meditar, fazer palavras cruzadas ou até dançar. Na realidade, só você sabe o que o relaxa, o que o ajuda a pôr de lado suas preocupações.

Quando seu corpo acorda às cinco da manhã e você já não tem sono para voltar a dormir, o que você faz? Insiste em ficar na cama por achar que é muito cedo para se levantar, ou porque ainda não dormiu as oito horas que "deveria"? Nesse caso, você não está escutando as necessidades do seu corpo. Se ele o desperta, é porque é hora de se levantar. Então é melhor aceitar esse fato e ir cuidar dos seus afazeres. Você poderá voltar para a cama ou relaxar se em algum momento se sentir cansado. Mas é bem provável que tenha energia durante todo o dia se tiver dormido o suficiente à noite. Quando você dorme mais horas do que seu corpo precisa, pode se sentir enrijecido, pesado, e talvez tenha até dor nas costas.

O raciocínio é simples: quando está cansado, você sabe que precisa descansar. Quando sente os olhos fechando, sabe que é hora de ir para a cama. Quando está com fome, você come. Quando está com sede, bebe água. Isso é escutar as necessidades do corpo. Fique atento às suas necessidades naturais e não aos princípios e hábitos impostos pelos outros.

Você já deve ter reparado que a maioria das pessoas adota uma série de hábitos sem sequer procurar saber se lhes são benéficos ou não. Esses hábitos podem ser até inofensivos, como: sentar-se sempre no mesmo lugar à mesa, comer nos mesmos horários, dormir do mesmo lado da cama, tirar férias nos mesmos lugares, frequentar os mesmos restaurantes e pedir sempre o mesmo prato, limpar a casa ou fazer as compras no mesmo dia da semana, visitar a família aos domingos, telefonar para a mãe uma vez por dia, etc.

E você, tem o hábito de repetir o tempo todo para os seus filhos o que eles devem fazer? Você se queixa com a pessoa amada sempre que ela chega em casa? Costuma reclamar de tudo, dizendo que a vida é injusta ou entediante?

Pare por um instante e observe sua rotina com atenção. Quais são seus hábitos? Faça uma lista com todos que você conseguir se lembrar.

Quanto mais extensa for a lista, mais ela deixará claro que a noção de certo e errado está profundamente arraigada em você.

Aprendendo a ser mais flexível, aceitando a ideia de que não existe certo ou errado, você preencherá sua vida com experiências variadas que vão conduzi-lo por novos caminhos e lhe ensinar coisas enriquecedoras.

Não devemos julgar as escolhas alheias segundo os nossos critérios. Não sabemos o que se passa na cabeça e no coração dos outros. No entanto, aqueles que agem contra as leis da vida, do amor e da responsabilidade aprenderão que a grande lei do retorno tratará de fazê-los colher aquilo que semearam.

Uma das principais causas que mantêm as pessoas presas à noção de mal é a busca exagerada pela perfeição. Muitas acreditam que o perfeccionismo é uma qualidade, mas querer ser perfeito em tudo é um hábito muito prejudicial. Em geral, a busca pela perfeição é bastante idealista. Você sabia que o oposto de "ideal" é a palavra "real"? É por isso que o perfeccionista-idealista se mostra um eterno insatisfeito, por não ser realista em suas exigências consigo mesmo e com os outros. Ele tem imensa dificuldade em se aceitar. Nunca nada é bom o bastante aos seus olhos. Isso também pode fazer dele um grande pessimista.

Se você se reconhece nessa descrição, volte um pouco no tempo e faça um balanço dos seus supostos "erros" do passado. Você tinha consciência de que era um erro naquela época? Ou só mais tarde percebeu que os resultados poderiam ter sido melhores se suas ações tivessem sido diferentes? Mas veja bem: no momento da ação, você acreditava estar fazendo o que era correto. Então por que se recriminar?

O mesmo raciocínio vale para qualquer indivíduo deste planeta. Em cada segundo de vida, fazemos o melhor de acordo com nosso conhecimento e nossas capacidades físicas e mentais *naquele momento*.

Compreender isso é aprender a ver Deus em cada pessoa. A perfeição existe somente no plano divino, não no mundo material. É utopia acreditar que algo ou alguém pode ser perfeito. Entretanto, aos olhos de Deus, somos sempre o mais perfeitos possível a todo momento, porque cada ação e cada experiência nos ensinam o que precisamos aprender conforme o nosso plano de vida.

É verdade que algumas pessoas perdem o controle de si mesmas. Tornam-se obcecadas por algo ou alguém, o que pode levá-las a cometer maldades. Em geral, elas vivem sob a influência de uma força invisível, alimentada ao longo da vida pelo ódio, que, por sua vez, foi causado por uma grande falta de amor. Seus atos demonstram que elas precisam urgentemente recuperar o amor por si e pelos outros. Isso faz parte do seu aprendizado terreno.

Quanto mais você se tornar senhor ou senhora da sua vida, menos seu comportamento será influenciado por pessoas, eventos e vibrações externas. Eles são o que eu chamo de falsos senhores – que será tema do próximo capítulo.

Você talvez já tenha dito coisas como: "Não sei o que me deu", "Foi mais forte que eu" ou "Simplesmente aconteceu, não pude evitar". Isso é muito comum, portanto, não se julgue. Faz parte da sua trajetória de crescimento. Saiba que cada um de nós, em cada momento da vida, é tão perfeito quanto pode ser.

Quando você se julga por não fazer algo tão perfeitamente quanto gostaria, está se comportando como uma criança pequena que se irrita por não ter a letra tão bonita quanto a do irmão que está na faculdade. A criança está em estágio inicial de aprendizagem e escreve de acordo com sua capacidade naquele momento. A letra dela não pode ser comparada à de um estudante universitário, e ela pode tirar um 10 na prova mesmo que seu texto não seja muito legível. Agora, se essa criança vai para a universidade com a mesma caligrafia dos seus primeiros anos de escola, aí é outra coisa.

É o mesmo caso de alguém que, mesmo percebendo que tem tomado atitudes contrárias às leis da vida, teima em repeti-las. Está claro que as consequências se tornarão mais e mais difíceis de suportar.

Se você faz o seu melhor de acordo com o que sabe, e se aceita que é tão perfeito quanto pode ser naquele momento, as consequências serão mais fáceis de assumir. Mas se você continuar agindo da mesma maneira e não for capaz de aguentar as consequências, então tomará novas decisões e adotará novas atitudes. É assim que nos tornamos mais inteligentes e tomamos decisões mais benéficas. É também uma grande prova de amor-próprio.

A vida lhe oferece novas experiências a cada dia para que você possa aceitar sua perfeição do momento. Quando você fizer isso por si mesmo, fará o mesmo pelos outros. Deixará de condenar, julgar, criticar ou nutrir rancor por quem quer que seja. Você vai sentir uma grande paz interior! Não é esse o desejo de todos nós? Perceba como tudo no Universo é concebido para transformar nossa vida para melhor.

Vamos fazer um pequeno teste para ver se a ditadura do certo e errado está comandando a sua vida. Vamos supor que você trabalhe a semana inteira e, quando chega o sábado, pensa: "Hoje tenho que limpar a casa."

Imediatamente essa tarefa se torna um peso para você.

Quando se ouvir repetindo uma frase desse tipo, pare um pouco e se pergunte o seguinte: *Estou realmente com vontade de limpar a casa hoje? Se eu deixasse para fazer isso outro dia, quanto me custaria, qual seria a consequência?* O preço a se pagar pode ser alto, pois talvez você não tenha outro tempo disponível até a semana seguinte e a ideia de viver com sujeira acumulada não lhe agrade. Sendo esse o caso, será mais fácil optar por cumprir a tarefa hoje mesmo, porque é isso que fará você se sentir melhor. Mesmo a contragosto, você fará a limpeza por *escolha*, não por obrigação. São coisas diferentes. Você verá que uma tarefa feita por escolha pode lhe dar um novo alento de energia.

Toda vez que você pensa ou diz "Tenho que", isso sinaliza que a tarefa não é sua preferência no momento. É claro que é impossível fazer sempre o que a gente quer. Mas o importante é perceber que nossas escolhas estão relacionadas às nossas preferências, que se alteram segundo nosso humor ou nossas necessidades a cada instante.

Nunca "temos que" fazer nada na vida... porque a vida inteira é uma escolha! E toda escolha traz consequências. Você pode escolher não ir trabalhar hoje, claro. Mas está disposto a pagar o preço? Se acha que vai lhe custar muito caro pois corre o risco de perder o emprego, tomará uma decisão que passará a ser sua escolha: "Eu escolho ir trabalhar." Viu como é você quem decide tudo em sua vida?

Sempre que você se pegar dizendo ou pensando "Tenho que", faça uma pausa e afirme o contrário: "Não, não tenho. Sempre tenho escolha. Não preciso prestar contas a ninguém neste mundo, exceto a mim mesmo." Se após essa reflexão você concluir que o preço a pagar é muito alto e não estiver disposto a arcar com as consequências de sua decisão, aja da melhor maneira possível. Isso é válido para todas as áreas da vida, até mesmo para o cumprimento das leis. Pense no sinal de trânsito, por exemplo: você tem algo urgente a fazer e não quer parar no sinal vermelho? A escolha é sua. Mas está disposto a arriscar provocar um acidente ou tomar uma multa?

Viu só? Nunca "temos que" fazer nada. Sempre temos escolha, mas cabe a nós fazê-la de modo consciente. O que mais importa é evoluir, amar com o coração e respeitar as grandes leis naturais e espirituais. Isso faz parte do plano de vida de cada um.

EXERCÍCIOS

1. Faça uma lista de tudo que você considera certo e errado na vida. As outras pessoas têm a mesma opinião que você? Seus valores são idênticos aos que você atribui aos outros? É importante tomar consciência disso, pois é assim que você aprenderá a se conhecer. Lembre-se: exigimos dos outros o mesmo que exigimos de nós.

2. Analisando sua lista, verifique se o *certo* é realmente *certo*, e faça o mesmo para o *errado*. Algumas coisas que você considera erradas podem ser benéficas para você. Observe se algo parece ora certo, ora errado. Em outras palavras, reflita se às vezes algo lhe parece benéfico, mas volta e meia deixa de ser, dependendo da circunstância ou das pessoas envolvidas. Não há absolutamente nada na vida que seja sempre certo ou sempre errado para todo mundo.

3. Faça uma segunda lista, desta vez dos seus hábitos. Nos próximos três dias, mude pelo menos um deles. Para mudar um hábito ruim (criticar em excesso, por exemplo), substitua-o por outro que seja bom para você. Este, contudo, deve vir de sua própria decisão. Os hábitos prejudiciais muitas vezes são consequência do seu ambiente, da sua educação, da sua formação, dos seus medos e de decisões tomadas no passado. Um bom hábito restabelece seu corpo e enche você de energia. O mais importante é que a mudança de hábito venha de uma decisão consciente!

4. Repita a seguinte afirmação o mais frequentemente possível:

Estou me tornando mais consciente dos meus hábitos e sou capaz de determinar quais deles são benéficos para minha evolução e minha harmonia. Sei que não existe certo ou errado e que a vida é feita de escolhas.

CAPÍTULO 11
FALSOS SENHORES

O que é um falso senhor? Neste livro chamamos de falso senhor algo ou alguém que dirige a sua vida e diante do qual você se curva, seja por medo ou por adoração. Quais são os falsos senhores da sua vida? Pense um pouco. Eles provavelmente são muitos e manipulam sua vida mais do que você imagina. Mas o único senhor nesta Terra é o seu Deus interior. E isso vale para todo ser humano: cada pessoa é seu próprio senhor.

Eis os falsos senhores mais comuns:

As pessoas que lhe são próximas. Há hoje na sua vida alguém (parceiro ou parceira, filho ou filha, pai ou mãe, amigos, chefes...) que você teme? Alguém que com frequência dirige a sua vida? Diante de quem você se curva o tempo todo?

Conheço muitos pais que sentem um verdadeiro medo das pirraças do filho, não importa que idade ele tenha, e por isso estão sempre em modo "alerta", dispostos a qualquer coisa para satisfazer seus mínimos desejos. Há também quem tema os acessos de raiva da pessoa amada e acabe se encolhendo diante dela para evitar qualquer discussão.

Se você é do tipo que está sempre acuado, querendo manter todo mundo feliz, fazendo de tudo para evitar um confronto, então você está deixando esses falsos senhores comandarem sua vida a ponto de esquecer suas próprias necessidades. Toda vez que se encolhe de medo diante de alguém, você deixa de ser senhor ou senhora de si. Permite que o outro manipule você e se torna impotente. Afinal, essa pessoa sabe exatamente quais são os seus pontos fracos, e por isso consegue manipulá-lo com facilidade.

O mesmo vale para uma pessoa que o incomoda com um comportamento desagradável. Você quer tanto mudá-la que ela acaba se tornando senhora de sua vida. Em outras palavras, essa pessoa passa a controlar você.

Como isso provoca emoções intensas e muito gasto de energia, não faz bem ficar alerta ou reativo o tempo todo.

O noticiário. Independentemente do meio de comunicação pelo qual costumam se informar (jornal, rádio, televisão, internet), algumas pessoas se pautam pelo noticiário para tomar suas decisões. Se há previsão de mau tempo, elas mudam de plano, embora a meteorologia nem sempre se revele correta.

A pessoa que se deixa influenciar pelo noticiário vive com medo o tempo todo, atormentada por aquilo que ouve. De fato, as notícias ruins são abundantes: desastres naturais, assassinatos, crises econômicas. Se permitirmos que essas notícias nos afetem, mal teremos coragem para sair de casa. Entretanto, precisamos lembrar que cada pessoa tocada por uma tragédia tem algo a aprender com ela, por mais doloroso que seja. É claro que vamos sentir compaixão e empatia por elas, mas é importante termos sempre em mente que, por algum motivo, elas precisam passar por essa experiência para evoluir. Tudo na vida tem um propósito, mesmo que às vezes seja difícil identificá-lo.

O poder e as honrarias também estão entre os falsos senhores. Realizar alguma coisa ou agir de determinada maneira a fim de ser homenageado ou conquistar prestígio é uma motivação que vem do exterior, não do seu Deus interior. Quando faz isso, você deixa a satisfação do poder conduzir sua vida. Se você se desconecta de suas verdadeiras necessidades, esses comportamentos podem levá-lo a ultrapassar seus próprios limites.

Os bens materiais também podem ser falsos senhores. Como é sua relação com seus bens? Você é muito apegado a eles? São a coisa mais importante da sua vida? Pense em como você reagiria se alguém danificasse algo que lhe é precioso. Ficaria enfurecido? Se é esse o caso, saiba que seus bens são os senhores da sua vida. Que diferença faria para sua alma se você deixasse este mundo com um copo de cristal a menos, se seu carro novo estivesse com um arranhão a mais ou se houvesse uma mancha no tapete da sala?

É natural que todos queiramos nos cercar de coisas belas, porque a beleza é muito importante para nós. Mas não é benéfico transformar bens materiais em senhores. Seus bens servem para trazer mais conforto a sua vida, não para dominá-la. Lembre-se de que eles são uma conveniência ou um regalo neste momento, não pelo resto dos seus dias. Quando você perde algo, é porque está para surgir uma coisa melhor para você. Se você for muito apegado a seus bens, não haverá espaço para o novo, pois você estará ocupado demais administrando tudo que acumula.

A astrologia. Muitas pessoas conduzem a própria vida de acordo com a sua configuração astral. Se for esse o seu caso, lembre-se de que o que deve orientar sua vida são suas decisões e suas atitudes. Não se deixe influenciar tanto pela astrologia. Você só escolheu seu signo do zodíaco para aprender com ele a evoluir e a amar apesar de determinadas influências astrais. O mapa astral é apenas uma ferramenta entre muitas para ajudá-lo a receber essas influências e, a partir daí, se preparar para melhor dominá-las.

Pense no seguinte exemplo: você é designado para trabalhar durante um ano com uma pessoa extremamente negativa. Como sabe que terá que conviver com ela por um longo período, você se resguarda e se protege dos efeitos negativos dessa convivência. É claro que precisará fazer um esforço extra para se manter alegre e otimista, mas terá mais condições de fazer isso se estiver ciente da influência negativa que a pessoa pode exercer sobre você. O mesmo acontece em relação aos astros.

Os videntes e médiuns também atuam como falsos senhores para muita gente. Neste momento de despertar da consciência, as pessoas têm buscado todos os meios possíveis para melhorar sua qualidade de vida, física, mental e espiritual.

O que acontece durante uma sessão com um médium? Seja qual for o meio que utilizem – cartas, búzios, clarividência, etc. –, essas pessoas sensitivas possuem o dom de captar as vibrações que você emana pelo seu corpo sutil. Elas captam essas vibrações no estado em que você se encontra no momento da consulta. São capazes de dizer o que vai lhe acontecer caso você permaneça na sua linha de vida atual. A verdade é que ninguém pode saber o futuro de outra pessoa, pois isso depende de cada momento, de cada escolha. O vidente prediz seu futuro a partir do que vê neste exato instante, segundo as vibrações que você está emanando agora. Entretanto, se no dia seguinte você mudar sua maneira de ser em decorrência do que ele tenha lhe dito, ou em virtude de algo que você leu ou pensou, você mudará seu momento presente por inteiro. Ao mudar sua maneira de pensar, você muda sua linha de vida, de forma que as previsões do dia anterior deixam de ser válidas. Você volta a ser senhor ou senhora da sua própria vida. Se, contudo, permitir que as previsões o influenciem, acreditando que são verdadeiras, você permanecerá na mesma linha de vida e é bem possível que os eventos previstos venham de fato a ocorrer.

Quando alguém lhe revelar seu futuro, use o seu discernimento e guarde apenas aquilo que o fizer se sentir bem. Tenha em mente o que você de fato quer que aconteça em sua vida. Lembre-se de que você pode mudar seu caminho várias vezes ao longo da existência. Se essa mudança for uma escolha baseada no amor-próprio, você sentirá como se tivesse renascido. As pessoas à sua volta se surpreenderão com sua metamorfose. Uma evolução rápida diminui seus retornos à Terra, e você pode ter a impressão de estar vivendo várias vidas em uma só.

As religiões organizadas e as seitas. Ou, em outras palavras, aquelas que têm discursos do tipo: *Se você não fizer o que dissermos, se não seguir nossas regras, não irá para o Céu. Apenas nós detemos a verdade.* Se uma religião, um culto ou uma seita comanda a sua vida e você aceita a noção de bem e mal que ela prega, você já não é mais dono da própria vida.

Ao longo da História, as religiões abusaram do próprio poder usando de manipulação e amedrontando as pessoas. Viver com base no medo não torna a existência harmoniosa nem serena. Se sua religião assusta você, é porque ela é destituída de amor. Tudo que Deus quer para você é uma vida repleta de amor. Ele sabe que é impossível ser feliz sem amor e jamais quis amedrontar ninguém: os humanos é que se tornaram especialistas em destilar o medo. Quem ama procura orientar, apaziguar e ajudar de forma desinteressada, sem expectativas.

Felizmente, hoje as religiões se mostram mais conscientes, promovendo o amor e não o medo. Na realidade, o problema não é da religião em si, mas de seus representantes. Cabe a você usar seu discernimento e escolher uma religião ou um guia espiritual que o oriente de maneira isenta. Se, ao ouvir certas declarações, você ficar incomodado, amedrontado ou angustiado, é sinal de que essas palavras não atendem à sua necessidade atual.

Por outro lado, se você faz parte de um grupo religioso que o faz se sentir mais animado, que o aceita como você é e o ajuda a se conectar com seu poder interior, então esse é o grupo certo para você neste momento.

Médicos, terapeutas e remédios também podem ser falsos senhores. Profissionais de saúde existem para ajudar as pessoas, não para controlar a vida delas. Parece loucura, mas conheço várias pessoas que consultam seu médico antes de tomar certas decisões, como onde passar as férias, mudar de casa ou trocar de emprego.

Médicos e profissionais de saúde aprenderam a aliviar ou tentar curar indisposições e doenças, mas não a tomar decisões pelos outros. Hoje, entretanto, cada vez mais médicos estão entendendo que o ser humano não é apenas um corpo físico. Estão compreendendo que o que pensamos e sentimos tem um papel fundamental na saúde e na doença. E, sabendo disso, têm desaconselhado o uso excessivo de medicamentos.

Algumas pessoas são tão dependentes que correm para o consultório médico ao menor sinal de problema. Elas se sentem incapazes de se responsabilizar por si mesmas e estão sempre querendo que outra pessoa dê um jeito em sua vida. Caso o médico diga que não há nada de errado com sua saúde, elas seguirão na busca de um "diagnóstico", até que alguém lhes prescreva um remédio. Então retornam para casa e já se sentem menos doentes assim que começam a tomar o medicamento.

Você é uma dessas pessoas que, ao menor sinal de algo errado, ao menor mal-estar, vai logo tomando um comprimido? E existe todo tipo de comprimido: para dor de cabeça, para os nervos, para dormir ou ficar acordado, para dar energia, para melhorar a digestão, para limpar o fígado, para evacuar, etc.

Fazer isso sistematicamente prejudica o corpo, porque cada dose de medicamento vem atrelada a um efeito colateral. Toda vez que você sobrecarrega seu corpo ou lhe dá algo que não seja um nutriente natural, ele se ressente. Quando você ingere um comprimido sem real necessidade, está fazendo dele seu senhor, está permitindo que controle sua vida.

Se você estiver satisfeito assim, continue se medicando. Mas, se quiser mudar de vida e amar o seu corpo como ele merece, está na hora de retomar o controle sobre suas escolhas.

Nada nem ninguém é capaz de transformar sua vida... exceto você mesmo!

A doença também está entre os falsos senhores. Uma pessoa que fica doente o tempo todo vive dominada pela doença e faz dela o centro da sua vida. Quem tem a doença como falso senhor está tão acostumado com a dor ou a enfermidade que acredita que é normal viver assim. Não há nada mais falso que isso! Embora a doença seja algo comum, o estado natural do corpo humano é a saúde! A doença é um dos meios que nosso corpo utiliza para nos alertar de que algo está errado e nos ajudar a encontrar o caminho do amor-próprio.

A moda. Quantas vezes você já sacrificou seu conforto só para seguir a moda? Você tem medo do que os outros vão pensar caso você vá na contramão das últimas tendências? Muitas mulheres usam saltos altíssimos, que as machucam, mas afirmam que calçados confortáveis estão fora de cogitação. Qualquer coisa que controle sua vida e suas escolhas se torna um falso senhor.

O trabalho também pode se revelar um falso senhor. Muitas pessoas não sabem estabelecer um limite entre a vida pessoal e o trabalho, e às vezes não têm sequer ideia de como relaxar. Sua vida inteira é voltada para o trabalho, como se só isso tivesse importância. Mesmo nos momentos de lazer ou de descanso, essas pessoas só pensam em trabalho, são incapazes de fazer alguma coisa por si mesmas, têm imensa dificuldade de se soltar e se divertir. Algumas acreditam que seu valor está atrelado às suas realizações profissionais.

O seu trabalho contribui para o seu crescimento? Permite que você se torne uma pessoa mais evoluída? Propicia que você aprenda a se relacionar melhor com as pessoas? Ele ajuda você a desenvolver seus talentos criativos? Se for assim, seu trabalho é recompensador para você. Se você exerce uma atividade que lhe ensina a amar cada vez mais a si mesmo e aos outros, saiba que está no caminho certo.

Por outro lado, se você tem um emprego que domina sua vida, que drena suas energias ou que só lhe proporciona status e compensação financeira, fique atento: ele não contribuiu em nada para o seu crescimento espiritual.

As superstições. Evitar o número 13, ver um gato preto, passar por baixo de uma escada... isso lhe diz alguma coisa? A superstição influencia suas decisões? Se for assim, ela é definitivamente um dos seus falsos senhores.

E quais são os falsos senhores mais poderosos do ser humano? **O orgulho, o medo, a culpa e o dinheiro.** Se observar todos os falsos senhores que se manifestam ao longo de um dia, você vai perceber que tem pouco controle sobre sua própria vida.

Termino este capítulo com um falso senhor que rege a vida de uma imensa quantidade de pessoas: **o dinheiro.** É claro que o dinheiro é importante no mundo material em que vivemos. Só que ele se torna um falso senhor quando esquecemos que o dinheiro é um meio de troca, e não um bem ou uma posse. Seguimos na direção errada quando queremos acumulá-lo por medo.

Você acumula vento para o caso de ficar sem ar? Isto lhe parece razoável? O mesmo vale para o dinheiro.

O dinheiro por ser considerado uma energia e, como tal, quanto mais você o movimenta, mais poder ele gera e mais ele prolifera. E assim sucede com muitas coisas na natureza. Toda semente de milho reproduzirá dúzias de novas espigas. Mas, se ficarem guardadas numa gaveta, as sementes não produzirão nada. Permanecerão estéreis.

O processo para conseguir se libertar da insegurança financeira é longo. Quando você deseja uma coisa, qual o seu primeiro pensamento? Talvez seja algo como *Quanto vai me custar?* ou *Será que eu tenho dinheiro suficiente?*. Você deixa de sonhar com alguma coisa que quer muito porque lhe parece inacessível? Então, nesse caso, é o dinheiro que está no comando; ele é o senhor da sua vida.

Você já comprou algo por impulso? Já fez uma compra no cartão de crédito porque não tinha dinheiro suficiente na conta? Já comprou algo que a princípio achava muito caro, mas era exatamente o que você desejava? Apesar dessas despesas imprevistas, sua vida continuou, não foi? Com consciência e responsabilidade é possível ter o que você deseja e não se deixar dominar pelo poder do dinheiro.

Quando faz compras no supermercado, você só escolhe os alimentos de acordo com as promoções? Você compra os artigos mais baratos, mesmo que sejam de qualidade inferior? O preço determina o que você compra para se alimentar e se vestir? Pare e pense: será que você não está deixando o dinheiro controlar sua vida e suas escolhas?

Se você tem recursos suficientes para comprar o que deseja, por que não comprar?

E aqui eu me dirijo especificamente às pessoas que não têm nenhum problema financeiro, mas se privam do que realmente gostam porque estão acostumadas a ser dominadas pelo dinheiro.

Na prática, só adquirem seus produtos preferidos quando se encontram em liquidação, mesmo tendo dinheiro para comprá-los. Fazer isso não é necessariamente uma forma consciente de gastar dinheiro – às vezes é apenas um hábito.

Não estou dizendo que devemos sair comprando coisas caras, até porque muita gente, infelizmente, não tem recursos nem para comprar o básico. O que proponho é que você comece com pequenas vitórias cotidianas. Sempre que puder, compre exatamente aquilo que deseja. Quanto mais fizer circular a energia do seu dinheiro, mais receberá de volta.

O dinheiro é feito para circular, não para ser acumulado. Se você prefere guardá-lo para uma emergência em vez de usá-lo para viajar, vai acabar tendo que gastar para resolver pequenos problemas e nunca conseguirá sair de férias!

Nosso ego quer ter sempre razão, e é justamente por isso que situações que temamos ocorrem o tempo todo. Na hora da emergência, você vai acabar dizendo: *Ah, fiz bem em guardar esse dinheiro! Eu sabia que ia acontecer alguma coisa.*

Em suma, ponha de lado o seu "para o caso de" e saia de férias. Aproveite a oportunidade para esquecer frases como: *O que eu vou fazer se acontecer alguma coisa?* Em vez disso, pense: *Sim, vou sair de férias, e se algo desagradável acontecer vou lidar com o problema no momento oportuno.* E é isso que vai suceder. Por exemplo: problemas com o carro são imprevisíveis, não é mesmo? Ainda assim, você dá um jeito de mandá-lo para o conserto.

Veja bem, a questão aqui não é o valor da viagem de férias ou dos seus produtos preferidos no supermercado. A questão é a capacidade de decidir. É isso que faz toda a diferença.

Muitas pessoas têm interesse em fazer cursos de desenvolvimento pessoal. No entanto, desistem assim que o preço é mencionado. O problema é que muitas vezes essas pessoas gastam uma pequena fortuna com coisas supérfluas, mas quando se trata de pensar em si mesmas acham que não valem o preço de um curso – mesmo sabendo que esse investimento poderia transformar sua qualidade de vida.

Acreditar que não somos dignos ou merecedores é um hábito muito nocivo. Enquanto o dinheiro for nosso senhor, será impossível nos conectarmos com nosso poder interior e alcançar a harmonia. Uma vez que tivermos dominado o dinheiro – e parado de permitir que ele nos domine –, as mudanças serão visíveis.

Se você crê que "Colhemos aquilo que semeamos", aqui vai uma dica: projete pensamentos de prosperidade e abundância para todas as pessoas que você conhece. Visualize-as realizando seus desejos. Você vai movimentar tanta energia que isso retornará para você muito mais rapidamente do que se mentalizasse prosperidade somente para si.

O que proponho não visa mudar as pessoas à sua volta, mas transformar o seu próprio pensamento para que você se reconecte com o seu poder. Quando você tomar a decisão de mudar de atitude em relação ao dinheiro, comece por realizar a mudança internamente, aplique as novas decisões na sua vida, e aos poucos as pessoas vão perceber. Falar sobre esse assunto com quem discorda de você e tenta lhe transmitir seus próprios medos pode influenciá-lo negativamente.

E lembre-se: você não precisa obter o consentimento de ninguém.

Uma vez que tiver dominado o dinheiro, você descobrirá que é possível criar uma reserva e ao mesmo tempo atender às suas necessidades diárias. Suas economias serão motivadas pelo *desejo* de aproveitar oportunidades futuras, e não mais pelo *medo* de precisar de dinheiro para uma eventualidade.

Como você pôde ver, são muitos os falsos senhores que controlam a nossa vida. E tenho certeza de que você ainda pode identificar muitos mais. Sempre que se pegar tomando uma decisão com base no medo, tome consciência de que o objeto desse medo está sendo seu senhor naquele momento.

EXERCÍCIOS

1. Faça uma lista de todos os falsos senhores que controlam a sua vida atualmente. Identifique os três que pareçam ter mais influência no seu dia a dia.

2. Nos próximos três dias, antes de ir se deitar à noite, escreva quem ou o que dominou suas decisões.

3. Em seguida, anote como você teria agido ou reagido se tivesse sido seu próprio senhor. Que ato de amor-próprio você teria realizado?

4. Sugiro que você não prossiga para o próximo capítulo sem antes ter completado esta etapa. Isso o ajudará a se tornar mais atento a todos os falsos senhores que se apresentam em sua vida. Seu nível de consciência se elevará gradualmente e você transformará seu futuro para melhor.

5. Repita a seguinte afirmação o mais frequentemente possível:

> Sou o único senhor da minha vida. Sei que, quando penso, eu crio. Eu me torno aquilo que penso e aquilo em que acredito. A felicidade, a prosperidade, o amor e a harmonia dependem de meus pensamentos repletos de amor-próprio.

CAPÍTULO 12
AS NECESSIDADES DO CORPO MENTAL

O corpo mental se realiza plenamente quando desempenha aquilo para o qual foi criado. Ele nos ajuda a pensar, analisar, organizar e memorizar. Sua força é muito útil, portanto, para mantermos uma atitude positiva e construtiva, e também para seguirmos em busca do nosso propósito.

As necessidades básicas do corpo mental são sete. Deixar de atender a qualquer uma delas resulta em efeitos desagradáveis não apenas no plano mental, mas também no emocional e no físico.

A primeira, por ordem de importância, é *a individualidade*. Trata-se da capacidade de ser você mesmo e não o que os outros supostamente esperam de você. Não podemos deixar que nossa vida seja governada por pensamentos como "O que as pessoas vão dizer?", "O que vão pensar?" ou "Como vão reagir?". O modo como alguns jovens se vestem é um belo exemplo de individualidade. Eles estão gritando: *Socorro, me deixem ser como eu sou!* Os jovens precisam de espaço. Sentem-se sufocados ao perceber que seus pais querem moldá-los de acordo com quem eles mesmos são ou gostariam de ter sido. É por isso que adolescentes fazem todo o possível para provocar os pais e, às vezes, o mundo à sua volta.

Ser você mesmo é aceitar quem você é em todos os momentos, mesmo que não agrade aos outros, mesmo que sofra críticas. É claro que nem sempre isso é possível, mas quanto mais se permitir ser quem você é, mais se tornará a pessoa que deseja se tornar. A consequência, no plano emocional, de não ser você mesmo é a dificuldade em expressar sua criatividade. No plano físico, essas consequências se manifestam como problemas respiratórios e alergias.

A segunda necessidade é *a verdade*.

Como você se sente quando alguém mente para você? Pois saiba que sua superconsciência, seu eu interior, reage da mesma forma quando você mente para si mesmo. A sensação é igualmente desagradável.

Quando, depois de uma discussão, você fala, por exemplo, "Aquilo não me incomodou", muitas vezes está indicando o exato oposto. Se você não estivesse incomodado com a situação, nem sequer tocaria no assunto. A ideia de incômodo nem passaria pela sua cabeça. Fazer essa afirmação é um sinal de que você está de fato incomodado, do contrário já teria esquecido o incidente. Então seja verdadeiro consigo mesmo!

Como expliquei no capítulo sobre energia, a verdade ajuda você a se elevar em seu corpo superior. Ser verdadeiro significa que o que você pensa e sente está sempre em harmonia com o que você diz e faz. Não se trata de falar tudo que você pensa, mas de dizer a verdade se lhe pedirem uma opinião sobre qualquer assunto. O que você diz deve ser idêntico ao que você pensa e sente a respeito do assunto. E suas atitudes devem estar de acordo com o que foi dito e pensado.

O senso de justiça também tem muito a ver com a verdade.

Digamos que você veja um pai sendo injusto com o filho, deixando a criança sempre de lado. Como você reagiria? Sentiria pena do filho e teria até vontade de intervir? Pois bem, é exatamente isso que você provoca quando age injustamente consigo mesmo. Você se relega a segundo plano. Sua alma fica magoada. Em suma, você cria um grande conflito dentro de si.

Ser verdadeiro também vai ajudar você a se tornar cada vez mais transparente. Você não terá mais receio de se mostrar por completo, de forma autêntica, e deixará que os outros o conheçam e vejam como você é.

Quem não é verdadeiro ou quem se trata com injustiça terá, no plano emocional, dificuldade em ver beleza à sua volta e, sobretudo, em si mesmo. Deixará o ego ocupar todo o espaço e influenciar suas decisões. No plano físico, sofrerá os mesmos efeitos relacionados à falta de individualidade.

A terceira necessidade é *o respeito*. É fundamental respeitar os outros e a si mesmo. Você sabe como é irritante quando alguém (pai, mãe, professor, cônjuge, chefe, policial...) abusa da própria autoridade. É irritante quando sentimos que temos que respeitar uma pessoa e ela não se julga obrigada a fazer o mesmo.

Se lhe faltam com o respeito, olhe à sua volta e veja o que semeou. Você respeita de verdade as opiniões, as ideias, os pontos de vista e a maneira de agir dos outros? Você gostaria de mudar certos aspectos em algumas pessoas com quem convive? Querer mudar alguém é uma clara falta de respeito. Você faz isso consigo mesmo? Você respeita os seus limites? Ou costuma ter expectativas altas demais em relação a si próprio? Você deseja se tornar outra pessoa porque não aceita algumas de suas características?

No plano emocional, a falta de respeito se converte em falta de afeto. Além de lhe faltar amor-próprio, você terá dificuldade em amar de maneira desinteressada. Já no plano físico, essa falta se manifesta como problemas na região da boca e da nuca.

A quarta necessidade é *a orientação*.

Todos precisamos nos sentir úteis, sentir que somos capazes de orientar e ajudar alguém na vida. Toda pessoa sente de vez em quando (ou com frequência) a necessidade de estar a serviço dos outros. Só que essa necessidade muitas vezes se expressa da maneira errada. Tomar decisões arbitrárias pelos outros não é o que chamamos de "orientação". Orientar é dar conselhos quando eles são pedidos, e sem expectativas. Lembre-se de que ninguém dá valor a um conselho não solicitado ou que pareça uma imposição.

Você é do tipo que acha difícil cuidar dos seus próprios assuntos? Se estiver com uma vontade incontrolável de dar conselhos, tenha o cuidado de perguntar se a outra pessoa deseja ouvi-los. Se ela não quiser opinião nem conselho, só lhe resta aceitar. Se, pelo contrário, ela se mostrar feliz em receber ajuda, aconselhe-a, mas sem criar expectativas. Você estará lhe dando um presente; caberá a ela decidir se vai usá-lo ou não. Dar um conselho não solicitado ou carregado de expectativas é um desperdício de energia. Afinal, o que você conseguirá em troca? Se suas expectativas não forem atendidas, vai se sentir frustrado, decepcionado, irritado. Se forem, isso só fará alimentar seu orgulho, porque não é da sua vida que você está cuidando.

Por outro lado, você também precisa receber conselhos, abrir-se para a opinião dos outros. Você alguma vez pede conselhos? Pois deveria. Lembre-se, porém, de que você é livre para seguir ou não as orientações que recebe. Se você se sente obrigado a acatar as sugestões das pessoas por medo de desagradá-las, há definitivamente uma lacuna no seu corpo mental em relação a essa necessidade básica. O que pode ajudar você numa situação assim é dizer à pessoa: *Agradeço muito pelos seus conselhos. Vou pensar a respeito e, se for necessário, pode ter certeza de que vou colocá-los em prática.*

Não atender à necessidade de orientação sempre acarreta consequências nocivas. No plano emocional, compromete nosso senso de pertencimento a uma família ou um grupo. No plano físico, causa problemas em todo o sistema digestivo e afeta a parte superior das costas.

A quinta necessidade é *a entrega*.

O que significa se entregar? Para a maioria das pessoas, significa se fragilizar, se submeter ou não fazer nada. Mas entregar-se não é nada disso. É a capacidade de saber o que queremos, agir de acordo com isso e ao mesmo tempo aceitar que não podemos controlar tudo. É remeter-se ao divino, lembrando que nosso Deus interior conhece bem melhor as necessidades de nossa alma do que a nossa parte racional. Entregar-se é não se prender aos resultados.

Se você é do tipo que tem dificuldade em se entregar porque está sempre querendo controlar tudo, aposto que sente frustração, decepção e raiva com certa frequência.

Quando não se entrega, seu plano emocional fica limitado. Você se torna cego a outros desejos que ajudariam você a atender melhor às suas necessidades, porque deixa seu ego assumir o controle. Além disso, se torna mais resistente a novas ideias. No plano físico, isso afeta a região central das costas, os órgãos sexuais e os órgãos excretores – rim, bexiga e intestino grosso.

A sexta necessidade é *a segurança*.

Muitas pessoas acham que segurança tem a ver com uma conta bancária recheada, um bom emprego, casa própria, bens materiais ou até mesmo um cônjuge. Isso tudo não passa, porém, de falsa segurança: é o que eu chamo de *insegurança confortável*.

A verdadeira segurança é a tranquilidade de espírito, é a certeza de que não há nada a temer.

É saber que basicamente, aconteça o que acontecer, você tem dentro de si tudo de que necessita para conquistar aquilo que quer, bem como para transformar aquilo que não quer. Sentir-se seguro é saber que existe uma saída para toda e qualquer situação, pois na vida não passamos por problemas reais, e sim por experiências.

Você é capaz de enfrentar qualquer situação que surgir na sua vida. Como qualquer outra pessoa, você tem todas as ferramentas para isso. A questão é apenas saber usá-las.

A falta de segurança resulta, no plano emocional, em falta de confiança em si mesmo e nos outros. Isso impede você de se revelar, de se abrir, por medo do julgamento alheio. No plano físico, pode causar dores na parte inferior das costas e na barriga, bem como nas pernas e nos braços – membros que possibilitam nosso movimento. Os problemas de nervo ciático também estão diretamente relacionados a essa falta de segurança.

A sétima necessidade é *o propósito*. Você se levanta rapidamente da cama, todas as manhãs, com pressa de realizar o que tem para fazer? Tem orgulho em descrever seu trabalho e suas ocupações diárias? Faz isso com entusiasmo? Você tem alguma paixão? Sente-se feliz por estar vivo, por estar na Terra?

O propósito de todos nós é saber que estamos na Terra para tomarmos consciência de que cada um de nós é um Deus criador. Para isso, temos que aprender a nos aceitar como somos e a compreender que os chamados "erros" são experiências que nos ajudam a voltar para a luz.

A falta de propósito nos afeta no plano emocional, impedindo-nos de ter objetivos de curto, médio e longo prazo. Já no plano físico, desencadeia os mesmos sintomas causados pela falta de segurança.

Quando não atendemos a qualquer uma dessas sete necessidades, provocamos um bloqueio e, portanto, a progressiva baixa da nossa energia.

EXERCÍCIOS

1. Escreva numa folha de papel as necessidades do seu corpo mental e veja quais delas têm sido negligenciadas. Isso ajudará você a compreender melhor alguma insatisfação interior. Só depende de você a decisão de alimentar adequadamente seu corpo mental. Todo ser humano tem essas necessidades básicas. Você não é uma exceção à regra.

2. Em seguida, anote as decisões que pretende tomar, ciente de que nada vai mudar enquanto você não tomar uma atitude.

3. Nos próximos três dias, reserve um tempo para refletir e anotar se você colocou essas decisões em prática.

4. Não se recrimine nem sem culpe caso você se esqueça de praticar o exercício. Dê a si mesmo o tempo necessário. Seja compreensivo, mas responsável.

5. Repita a seguinte afirmação o mais frequentemente possível:

> Estou determinado a respeitar as necessidades do meu corpo mental, e isso melhora minha saúde mental e me dá paz interior.

PARTE III

ESCUTE O SEU CORPO EMOCIONAL

CAPÍTULO 13

MEDO E CULPA

Essas são as duas emoções mais comuns e mais desenvolvidas no ser humano. Não conheço ninguém que nunca tenha sentido medo, preocupação ou temor na vida.

O medo, quando irreal, vem do ego, como qualquer emoção. Aquilo que tememos pode ser indiferente para outra pessoa. Por exemplo, se você acredita que o cachorro é um animal perigoso, certamente sentiria muito medo se um deles pulasse em cima de você, não é mesmo? Esse medo é *real* para você. Outra pessoa, porém, teria uma reação diferente caso adorasse cães e enxergasse apenas seu lado sociável e brincalhão, especialmente se nunca tivesse vivido uma experiência traumática com esses animais. Ela estaria segura de que o cão não lhe faria mal algum. Ela saberia que esse é o jeito canino de manifestar afeto.

Todos sentimos medo. É claro que uns se mostram mais valentes do que outros. A diferença é que as pessoas corajosas seguem em frente mesmo com medo. É importante ter consciência do próprio medo, aprendendo a reconhecer se ele é real ou não. É natural sentir medo quando existe um perigo real para o seu corpo físico. Nesse momento, seu corpo sabe exatamente quanta adrenalina deve fornecer para você reagir à situação, seja lutando ou fugindo.

Precisamos reconhecer que neste mundo existem muito mais medos irreais do que reais. Olhe um pouco para o seu passado recente. Quantas vezes, nos últimos três meses, você experimentou um medo real, isto é, teve que enfrentar uma situação em que de fato corria perigo de vida? Todos os outros medos são oriundos do pensamento. Quando um medo é frequente, corresponde a uma memória que se converteu numa crença arraigada. Geralmente, um dos pais, ou ambos, possui a mesma crença, de modo que esse medo nos é constantemente lembrado. Por exemplo: a criança recebe e internaliza noções de medo em decorrência da superproteção dos pais (medo de que o bebê caia e se machuque, que fique doente, etc.). Como pais, eles acreditam que ter medo é um comportamento normal e comum. Acreditam, inclusive, que estão sendo bons pais quando têm esse tipo de atitude. Assim, o medo passa a fazer parte da psique da criança e permanece com ela por toda a vida.

Já mencionei neste livro que, por meio de pensamentos e crenças, as pessoas formam uma imagem no mundo invisível. Essa imagem também é chamada de "elemental" ou "forma-pensamento". Quanto mais energia lhe conferimos, mais a alimentamos. Até que chega o momento em que ela toma forma, se materializa e se torna realidade no mundo visível.

Isso nos ajuda a entender por que uma pessoa que receia ser roubada corre um sério risco de ver isso acontecer. Através de seus pensamentos, ela prepara o terreno para que isso ocorra. Tudo se concretiza de maneira inconsciente. Atraímos para nós aquilo em que investimos energia. Quanto maior o medo, mais rapidamente fazemos com que ele se torne real. Tomar consciência dos nossos medos nos ajuda a administrá-los, mas a maioria de nós, infelizmente, permanece inconsciente.

Em psicologia, diz-se que o ser humano tem consciência de apenas 10% daquilo que o habita. Isso significa que, em geral, somos cerca de 90% inconscientes de nossos medos, crenças, sentimentos, emoções, etc. Se aprendermos a ser mais conscientes, se praticarmos os exercícios de amor e de tomada de consciência, veremos aflorar vários desses medos subterrâneos. A grande vantagem é que, ao identificá-los, podemos assumir o controle.

Tomemos o exemplo de um menino que vai passar um mês na casa de uma tia que mal conhece porque os pais precisam viajar. Ele reage muito mal, julgando ter sido abandonado. Sente-se rejeitado pelos pais. Então decide que rejeição e abandono são sentimentos intoleráveis, enquanto segue com medo de que a situação se repita. No decorrer da vida, seu medo acaba provocando mais e mais situações de rejeição ou abandono por parte de pessoas próximas.

A decisão que ele tomou na infância continuará a afetá-lo até que consiga identificar esse seu grande medo e seja capaz de dominá-lo. Os medos costumam ser tão sutis que se avolumam, assumem proporções enormes e aos poucos vão se infiltrando na pessoa até se transformarem em fobias.

Existe uma imensa variedade de medos e fobias: de escuro, de água, de túnel, de ponte, de elevador; de lugar fechado, de ficar sem dinheiro, de dirigir, de adoecer, de morrer; medo de animais, de aranha, de altura, de micróbio, de multidão, de acidente, de fogo, de avião, de injeção, e tantos outros mais!

Há medos ainda mais sutis: de não estar à altura de uma situação, de ser alvo de chacota, de magoar os outros ou ser magoado, de não ser aceito, de ser criticado ou acusado, de ser rejeitado, humilhado, traído, abandonado...

Percebe o imenso domínio que os medos têm sobre nós?

É evidente que, se seus pais ou responsáveis eram repletos de medos, você terá que fazer um esforço maior para superar e se libertar de cada um deles. Foi por isso que você escolheu seus pais antes de nascer: para chamar a atenção para seus próprios medos já presentes no nível da alma. Não são nossos pais que nos transmitem seus medos; nós os escolhemos porque temos os mesmos medos que eles para administrar.

Segundo pesquisas realizadas nessa área, medos e fobias são bem mais presentes nas mulheres do que nos homens. A explicação talvez seja que os homens deixam essas emoções transparecerem menos! De minha parte, creio que cada um, homem ou mulher, carrega em si um grau próprio de medo, e que esses medos variam de pessoa para pessoa.

Como é que um medo se transforma em fobia, isto é, num pavor tão grande que causa descontrole ou reações exageradas? O grau de um medo é sempre proporcional ao grau da crença que o alimenta. Essa crença é determinada pelo sofrimento vivenciado e pelo pensamento do que aconteceria caso o medo se concretizasse. Também pude perceber, ao longo dos anos, que por trás de cada fobia se esconde um grande sentimento de rancor e/ou ódio em relação a um dos pais, considerado responsável por esse medo.

As fobias muitas vezes se exacerbam em momentos de mudança intensa ao longo da vida. Essas mudanças variam para cada pessoa: pode ser a chegada de um irmãozinho ou a partida de um irmão mais velho que sai de casa, pode ser a volta às aulas, o início da adolescência ou da idade adulta, o casamento, o nascimento dos filhos, uma mudança de residência ou de emprego, um divórcio, ou ainda o falecimento de um ente querido.

De acordo com uma pesquisa feita em 2012, a proporção das fobias mais difundidas nos Estados Unidos é: agorafobia: 60%; enfermidade ou ferimento: 22%; morte: 8%; multidão: 8%; animais: 4%; escuro: 2%; altura: 2%; outras fobias: 2%.

Como podemos ver, a agorafobia é a mais comum de todas. Mas do que se trata exatamente?

Agorafobia significa "temor de lugares públicos". Caracteriza-se por um medo irracional de espaços abertos; mais precisamente, é um medo acentuado de estar longe de um lugar seguro e/ou de uma pessoa de confiança. Assim, o agorafóbico teme se ver sozinho em lugares dos quais dificilmente conseguiria fugir e onde não poderia contar com nenhum socorro rápido em caso de emergência.

Os indivíduos acometidos por esse problema não são doentes, muito menos doentes mentais – como em geral se considera, e de maneira pejorativa –, embora esse medo se origine em nossa mente. A agorafobia é uma reação emocional incutida na infância ou na adolescência. O medo e as sensações experimentadas pelo agorafóbico se tornam excessivamente intensos. Os sintomas fisiológicos podem incluir: palpitações cardíacas, tontura, tensão ou fraqueza muscular, sudorese, dificuldade respiratória, náuseas, fogachos, etc. Como não entende o que se passa com ele, o agorafóbico interpreta erroneamente esses sintomas e teme desmaiar, ter um infarto, ficar louco ou morrer. Na prática, essas catástrofes quase nunca se concretizam. A pessoa, portanto, não perde o controle, mas tem a impressão ou o medo de perdê-lo. Muitas vezes, simplesmente tem **medo de ter medo**.

Uma primeira crise costuma ocorrer após uma grande mudança, como as mencionadas há pouco. Posteriormente, o medo constante de ter uma nova crise deixa a pessoa num perpétuo estado de alerta, esquivando-se cada vez mais de qualquer situação que possa gerar ansiedade. Ela passa a evitar qualquer local que lhe pareça distante de um lugar ou de alguém que a faça se sentir segura. A agorafobia é sempre acompanhada de uma angústia muito elevada e de estados de pânico. Isso geralmente acarreta um desregulamento do sistema hormonal, e não é raro que os agorafóbicos sofram de hipoglicemia.

Segundo nossas observações, a origem da agorafobia estaria numa angústia de separação sentida ainda em tenra idade, quando o indivíduo teria perdido, ou tido medo de perder, uma pessoa que lhe dava segurança afetiva e com quem tinha uma relação muito estreita. O agorafóbico é do tipo que estabelece relações profundas com muita facilidade e quase sempre se sente responsável pela felicidade das pessoas, especialmente das que lhe são próximas. Isso faz com que esteja em constante estado de alerta na presença dos outros a fim de prevenir possíveis infortúnios.

O agorafóbico teme a morte de pessoas queridas, pois toda morte lhe remete à angústia que viveu quando criança. Consequentemente, vive cada perda como se estivesse perdendo uma parte de si mesmo. Sua própria morte lhe causa medo, pois tem dificuldade de se imaginar separado daqueles que ama. Qualquer mudança – vivida como uma morte simbólica – desperta angústia no agorafóbico e acentua seu grau de fobia.

É fundamental que essas pessoas tenham consciência de que não existem meios milagrosos de eliminar instantaneamente todos os sintomas associados à agorafobia. Entretanto, um meio de aliviar essa angústia é praticar a noção de responsabilidade, isto é, deixar de acreditar que somos responsáveis pela felicidade ou infelicidade dos outros.

Se você se vê como uma pessoa agorafóbica ou angustiada, sugiro que releia o capítulo sobre responsabilidade e coloque em prática o que aprendeu.

No que diz respeito aos medos em geral, a primeira coisa a se fazer é aceitar que ele existe, acolhê-lo, mas lembrar que um dia você será capaz de deixar de acreditar nesse perigo irreal. Você passará a encarar esse medo como se ele já não existisse. Comece com pequenos passos. Quem teme bichos deve se aproximar deles aos poucos, escolhendo inicialmente um animal de pequeno porte, por exemplo.

Por menores que sejam as vitórias, é importante parabenizar a si mesmo. Toda pessoa, seja criança ou adulto, deveria ser incentivada a cada pequena vitória sobre o medo.

Tentar vencer os medos pela razão é inútil e não é uma solução a longo prazo. O método mais eficaz continua sendo aceitar o medo e tomar uma atitude para enfrentá-lo. O funcionário que teme o patrão, mas quer pedir um aumento, não chegará a lugar algum permanecendo sentado à sua mesa. O ideal é bater à porta do chefe, entrar na sua sala e expor o motivo da visita, tendo o cuidado de expressar seu medo e seu orgulho por ter encontrado a coragem necessária para agir.

Não pense que os outros vão achá-lo fraco se você admitir seu medo. Pelo contrário, isso é algo que exige muita humildade, coragem e força interior. Expressar nosso medo nos ajuda a aceitá-lo melhor, e com isso ele se torna mais fácil de superar. Pessoas que vivem em permanente estado de medo são atormentadas pela sua voz interior, que as assedia sem cessar, dia e noite. Tentar abafar essa voz por meio do álcool, das drogas ou de comportamentos nocivos certamente não é a solução. Pelo contrário, isso só impede você de enfrentá-la. Passado o efeito, a voz voltará com tudo!

Sempre que sentir medo de alguma coisa, faça um balanço do que você tem a perder ou a ganhar agindo dessa forma. Se constatar que há mais a ganhar do que a perder, é hora de ser compassivo consigo mesmo e parar de resistir. Digamos, por exemplo, que você tenha medo de dirigir. Se é fácil para você encontrar alguém que o leve do ponto A ao ponto B, e se você gosta dessa companhia, seu medo não lhe traz grande prejuízo. Então o aceite. Mas se, pelo contrário, houver mais a perder do que a ganhar, então será melhor tomar alguma atitude. Se o fato de não dirigir faz você se sentir dependente dos outros, impede você de ir a determinados lugares ou o obriga a ficar sozinho em casa, apesar de lidar mal com a solidão, então está na hora de agir.

Quantas vezes você já reprimiu suas palavras e ações porque sentia medo demais? Admitir seu medo ou enfrentá-lo ajudará você a evoluir e a atender às suas necessidades.

Outro aspecto nefasto do medo é que ele nos leva a tomar

decisões erradas. Se, numa mesma noite, você receber dois convites e ficar indeciso sobre qual aceitar, observe se sua hesitação é motivada pelo medo. Se deixar que o receio o controle, você inevitavelmente tomará a decisão errada.

O medo só poderá lhe servir de termômetro se você permanecer alerta e consciente e procurar entender o motivo de sua existência. Exemplo: você é convidado para um evento social pelo qual não tem o menor interesse. Você só aceita por medo de desagradar seus amigos – então está tomando a decisão errada, porque ela foi motivada pelo medo. Se você é convidado para uma festa, mas decide ficar em casa porque tem medo de sair à noite, essa é igualmente uma má decisão. Fazer escolhas motivadas pelo medo traz insatisfação e desapontamento, além de refrear nossos desejos. Isso afeta nosso amor-próprio, gerando um forte mal-estar. Em compensação, quando você toma consciência do medo, ele o ajuda a se orientar na escolha certa.

Quanto mais medos você acumula, mais se abre para outros medos que circulam pelo cosmos. Enquanto não aprender a dominá-los, você vai continuar captando-os e permitindo que entrem em você. Por isso é tão urgente decidir estar mais alerta a fim de identificá-los e enfrentá-los. Depois disso, perdoe-se por ter lhes dado tanto poder e decida o que deseja pôr em seu lugar. Aí só lhe restará passar para a ação. Nesse momento pode ser útil se fazer as seguintes perguntas: *Qual é a pior coisa que pode me acontecer se _____ (complete com o seu medo)? E, se isso acontecer mesmo, serei capaz de lidar com a situação?*

A culpa é a outra emoção que rege a vida de muita gente. O ser humano tornou-se um grande especialista na arte de se sentir culpado. Todo mundo sente culpa em algum momento, mesmo que não tenha um motivo real para se sentir assim.

Sentir-se culpado, segundo nossas leis humanas, é saber que fizemos algo prejudicial a alguém ou a nós mesmos. Mas olhe para dentro de si. Qual foi a última vez que você agiu conscientemente com a intenção de prejudicar alguém ou de causar algum dano? Tenho certeza de que essa lembrança lhe parece distante, se é que ela existe. No plano humano, a culpa está relacionada à intensidade do sofrimento infligido ao outro. Já segundo as leis espirituais, o conceito de culpa não se aplica, uma vez que a alma é pura e íntegra.

Tomemos como exemplo a possibilidade de você ter insultado alguém sem querer. A pessoa ficou chateada e você começou a se sentir culpado: *Eu não devia ter dito aquilo. Na próxima vez vou ficar de boca fechada.* Nesse momento, pare um pouco e se pergunte: *Sou mesmo culpado? Falei aquilo com a intenção de magoar a pessoa? Fiz isso consciente e deliberadamente?* Em caso negativo, embora reconheça o incômodo gerado, você não tem culpa nenhuma, portanto não precisa se recriminar.

Agora, se você foi magoado por alguém e pretende pagar na mesma moeda, será mais difícil não se sentir culpado. Saiba que, quando queremos fazer mal a alguém, é porque estamos sofrendo. Deixamos nosso ego nos convencer de que a vingança é a única forma de nos sentirmos melhor. Somente uma dor intensa pode nos impelir a prejudicar ou ofender alguém de maneira consciente e voluntária.

Talvez, ao ler isso, você pense: *Quer dizer que todo mundo tem o direito de magoar quem bem entender? Onde vamos parar se todo mundo pensar e agir dessa forma?* Reflexões como essas serão cada vez mais raras à medida que o ser humano se tornar mais consciente da lei de causa e efeito. Na realidade, não é muito inteligente nem oportuno machucar ou prejudicar os outros, já que sempre colhemos aquilo que semeamos.

Em vez disso, você deveria empregar sua energia para se tornar mais atento às situações das quais se culpa. Com que frequência você se acusa injustamente, se recrimina e pensa o pior de si mesmo por ter, por exemplo, se esquecido de alguma coisa?

Lembre-se: tudo que você faz é o melhor que você poderia fazer de acordo com seu nível de conhecimento e de capacidade naquele momento. Você não tem por que se culpar. Aprenda a se amar de forma compassiva, a aceitar seus limites, a abraçar seu lado humano. Assim será bem mais fácil aceitar as imperfeições alheias.

Se você quebra acidentalmente sua caneca favorita, qual é sua primeira reação? Sente-se culpado e se chama de desastrado? Você por acaso queria quebrar a caneca pelo simples prazer de ter um item a menos em sua coleção? Não, o acidente simplesmente aconteceu, a despeito da sua vontade. Então por que ficar angustiado, por que se culpar? E isso também vale para os outros. Você com certeza não é o único na Terra a ser desajeitado, imprudente ou distraído de vez em quando.

E não se esqueça de que você acusa os outros pelas mesmas coisas e na mesma medida em que acusa a si mesmo. Está aí uma excelente maneira de tomar consciência das culpas que você carrega. Sempre que acusa outra pessoa, você está acusando a si mesmo, mas não ousa fazê-lo por medo de se sentir culpado. Ou seja, já não é você que administra a sua vida, é o seu ego.

É sempre seu ego quem o acusa, aliás, por intermédio da VOX, porque ela teme as consequências dessa situação para você. Sua voz interior mantém você preso nos medos do passado porque isso é tudo que ela conhece. Ela não sabe viver o presente.

Por que continuamos a nos sentir tão culpados?

Porque teimamos em acreditar que a culpa é sinal de remorso, de boas intenções, e que com isso seremos vistos como uma boa pessoa, o que é totalmente falso. Precisamos compreender que as coisas não funcionam assim. Quanto mais nos acusamos, mais reincidimos no comportamento; é o que acontece quando nos acusamos de perder a paciência, de comer demais, de não ter força de vontade, de não ser capaz de expressar nossos sentimentos e emoções, etc. Você decerto já reparou que quanto mais promete a si mesmo que vai deixar de agir de determinada forma, mais age assim, e mais se culpa. É um círculo vicioso que não lhe traz absolutamente nada de bom.

Saiba também que, mesmo que você acuse alguém apenas em pensamento, essa pessoa recebe essas acusações no plano invisível, sem sequer ter consciência disso. Quer seja um pensamento de ódio, de raiva ou de amor, seu pensamento sempre atingirá o alvo.

Talvez seja difícil para você aceitar ou compreender essa ideia, mas isso é algo que você mesmo pode notar, graças ao desconforto que sente na presença da pessoa que você acusou em pensamento – desconforto que, aliás, é sentido por ambas as partes.

Outra maneira de identificar sua culpa é prestando atenção no que você diz. Você está sempre arrumando desculpas para tudo? Alguém que procura justificativas o tempo todo geralmente se sente culpado. Dizem que *quem se escusa, se acusa.*

Quando insiste em reviver constantemente a mesma culpa, você acaba atraindo para si algum tipo de acidente ou fato negativo, porque a punição visa eliminar a culpa. Acreditamos que, ao nos punirmos, seremos menos culpados e estaremos "quitando a nossa dívida". Aprendemos isso desde a mais tenra infância: quando praticamos uma ação considerada ruim ou errada, temos que pagar o preço, seja ele qual for.

Todo acidente é uma mensagem do seu Deus interior, que busca tão somente a sua felicidade: *Por que você insiste em se sentir culpado, em se acusar injustamente? Quero chamar sua atenção para o fato de que você não é culpado; você é apenas um ser humano com medos e limitações!* A gravidade do acidente ou da situação negativa será proporcional ao grau da culpa que você sente. Quanto mais antiga ela for, mais as consequências serão dolorosas para você.

EXERCÍCIOS

1. Escolha um de seus medos (pode ser um pequeno para começar) e dê a si mesmo o direito de tê-lo criado e de senti-lo agora.

2. Visualize como seria sua vida sem esse medo.

3. Em seguida, formule uma estratégia para enfrentá-lo com atitudes.

4. Faça também uma lista das culpas que sentiu nos últimos três dias. Isso ajudará você a se tornar mais consciente.

5. Aceite ser, neste momento, aquilo que se acusou de ser, lembrando que todos possuímos qualidades e defeitos, e que é normal e humano expressar esses dois lados.

6. Veja se consegue encontrar a culpa por trás do último pequeno acidente que lhe ocorreu. Pode ter sido uma simples queimadura no dedo enquanto cozinhava. No que você estava pensando naquele momento? Que culpa estava sentindo?

7. Repita a seguinte declaração sempre que sua voz interior amedrontar você ou o fizer se sentir culpado. Se você sofre de alguma fobia, repita com mais frequência ainda:

> Sou o único senhor da minha vida e me liberto agora de toda consciência que não seja a minha.

CAPÍTULO 14
COMO EXPRESSAR SUAS EMOÇÕES

Aposto que você estava esperando ansiosamente por este capítulo. Se tem praticado os exercícios aqui propostos, com certeza agora terá mais facilidade para expressar suas emoções com amor e aceitação.

Mas, primeiro, o que é uma *emoção*? É uma agitação provocada por uma causa externa ou proveniente de nossas crenças. A maioria das emoções são consequência das nossas expectativas, que, por sua vez, existem porque não sabemos amar de maneira correta e verdadeira. O amor cura e o ódio destrói. Quanto mais a emoção se origina do ódio, mais violentamente ela destrói quem a carrega.

A emoção é diferente do *sentimento*, que nasce dentro de nós sem a interferência de qualquer juízo de valor. Em outras palavras, podemos sentir algo benéfico ou prejudicial sem que isso seja necessariamente qualificado como certo ou errado. Podemos, por exemplo, experimentar um grande medo em determinada situação e senti-lo dentro de nós sem julgá-lo. Se, por outro lado, nos consideramos fracos ou medrosos, ou se acusamos a pessoa que nos causou medo, isso então se torna uma emoção.

Em suma, há *emoção* quando há julgamento, enquanto o *sentimento* é desprovido de acusações ou juízos de valor.

Quando temos um sentimento genuíno, a energia flui livremente, ao passo que, quando vivemos uma emoção, a energia trava no plexo solar e nos sentimos drenados. Por isso é tão importante saber gerir corretamente toda emoção a fim de recobrar nossa energia natural. E a melhor forma de gerir uma emoção é expressando-a. O que significa expressar uma emoção? Está aí uma ótima pergunta! Muitas pessoas já me questionaram: *Faço terapia há vários anos. Sempre me dizem para expressar minhas emoções, mas nunca me ensinam como fazer isso! Devo chorar, gritar, arremessar objetos na parede? O que devo fazer? Como devo agir?*

A partir desse questionamento, desenvolvi um método muito eficaz para expressar uma emoção, já que, quando não é bem processada, ela tende a se repetir em situações similares.

Tomemos o exemplo do marido que costuma humilhar a esposa na frente da família ou dos amigos. Se algo não lhe agrada na vida conjugal, ele espera um momento em que estejam com outras pessoas para se queixar ou defender seu ponto de vista. A esposa então é tomada por emoções negativas, sentindo-se humilhada e traída. Fica com raiva e se pergunta por que o marido não conversa com ela quando estão sozinhos. Ela manifesta sua raiva quando chegam em casa, mas isso não muda nada. Assim que encontram outras pessoas novamente, o marido repete esse comportamento, e as mesmas emoções afloram nela mais uma vez.

As pessoas lidam com as emoções negativas de maneiras variadas e, muitas vezes, nocivas. Uma das formas mais comuns é por meio da comida ou da bebida, às vezes em excesso. Muita gente acredita que beber uma taça de vinho, comer um bolo de chocolate, tomar calmantes ou consumir drogas vai ajudar a aliviar o desconforto. Algumas preferem ver um filme, dormir, tomar um banho quente, ou qualquer coisa que desvie o foco do problema.

Outras costumam se sentar e refletir, esperando a hora certa para esclarecer algum ponto. Algumas fumam ou se embriagam, ao passo que muitas optam por ignorar e reprimir a raiva como se nada tivesse acontecido. Há quem mergulhe de cabeça no trabalho, enquanto outros choram, fazem faxina e pequenos reparos em casa, ou simplesmente ficam emburrados. Também há quem passe a praticar algum esporte por vezes violento, enquanto outros acusam alguém diretamente ou em pensamentos.

Algumas pessoas dão risada fingindo que não foram afetadas, ou então se recusam a assumir a própria parcela de responsabilidade. Muitos, por fim, optam por não fazer nada, tentando se convencer de que, com o tempo, tudo vai se ajeitar.

Uma das formas mais comuns de lidar com a raiva – pois em toda emoção há raiva expressa ou reprimida – é desabafar com uma terceira pessoa. Muita gente se tornou especialista nisso, aliás! Por exemplo: o marido chega do trabalho de mau humor e "despeja" na esposa o dia terrível que teve. Desabafar com o parceiro ou parceira, porém, não resolve a situação e pode causar diversos problemas no relacionamento. Agindo assim, ninguém sai ganhando. O marido que desabafa com a esposa nutre expectativas em relação à reação dela, desejando que ela o console e, principalmente, que lhe dê razão, para que ele possa assim satisfazer o próprio ego. Caso ela atenda a essas expectativas, ele exclamará, satisfeito: *Ah, foi tão bom conversar com você! Você sempre tem as palavras certas para mim!*

Mas, no fundo, o que efetivamente se resolveu na vida dele? Nada. Ele apenas desabafou, e a esposa deixou que ele sugasse suas energias. Depois de meses, talvez anos, ela se sentirá cada vez mais esgotada por essa dinâmica, até que isso estrague de vez a relação do casal. No fim, ela terá cada vez menos vontade de estar com o marido, de conversar com ele e, sobretudo, de escutá-lo. E isso também pode ocorrer entre amigos.

Desabafar pode parecer uma recarga de energia, mas precisamos ter em mente que esse estado é apenas temporário. Em geral, a pessoa seguirá extravasando nos dias seguintes com qualquer um que lhe dê abertura. Quem tolera pessoas que se vitimizam desse jeito, sem que haja qualquer troca ou busca por solução, tem pouco ou nada a ganhar, uma vez que fica sem energia. Os dois lados, portanto, saem perdendo. Sempre que acontecer uma situação parecida, a pessoa que extravasou reviverá as mesmas emoções e achará que tem razão, alimentando o próprio ego.

Não estou dizendo que nunca devemos escutar os lamentos da outra pessoa. No entanto, se você tem compaixão, a melhor ajuda que pode oferecer é mostrar que ela é responsável pelos próprios problemas e que não cabe a você resolvê-los. Eis uma sugestão. Primeiro escute gentilmente a pessoa até que ela termine de falar, depois diga o seguinte: *Entendo muito bem sua situação. Mas o que você pretende fazer para resolver o problema? Já pensou em alguma solução?*

Pode ser que a pessoa responda algo como: *O que você quer que eu faça? Não tenho escolha. A culpa é do fulano. Não há nada que eu possa fazer.* Nesse caso, diga delicadamente que ela precisa assumir a responsabilidade pelos próprios problemas e, sobretudo, enxergar o aprendizado por trás da situação. Se ela se recusa a tomar uma atitude, é porque ainda não chegou ao seu limite. Muitas pessoas parecem gostar de ter problemas, seja porque querem chamar a atenção, seja porque não se amam o bastante para aceitar que têm dentro de si o necessário para melhorar de vida. Não percebem que, enquanto continuam a alimentar um problema, ele só aumenta.

Então se prepare para provocar mau humor com essa sua reação. A pessoa pode considerá-lo injusto e severo. Mas pode ser que você a faça perceber que já passou da hora de reagir, de tomar uma atitude construtiva. Agora, se a pessoa só estiver interessada em desabafar, ela vai abandonar você e procurar outro par de ouvidos. E com isso você preserva sua energia. Essa é a diferença entre "partilhar" e "desabafar".

"Partilhar" significa contar uma situação, uma experiência desagradável que se viveu, no intuito de encontrar uma solução ou propor uma mudança para remediá-la. Por isso mesmo, não envolve expectativas. Daí a importância de um casal aprender a partilhar um com o outro as alegrias e os aborrecimentos da vida como fariam com um grande amigo. Partilhar também é se responsabilizar por tudo o que nos acontece. Muitas vezes, o simples ato de dizer em voz alta o que estamos vivendo nos ajuda a encontrar a solução. Em suma, só precisávamos ser ouvidos.

Como você pode ver, existem muitas maneiras de expressar uma emoção, mas o pior de tudo é simplesmente não expressá-la, fingindo que não se incomoda. Isso significa reprimir as próprias emoções. É comum ouvirmos alguém dizer: *Jamais vou me rebaixar e admitir que fiquei com raiva*. Muitas vezes, as emoções reprimidas causam uma série de problemas físicos, em especial no sistema digestivo. Dizem que a principal doença das emoções reprimidas é o câncer. As emoções sufocadas ou até mesmo negadas desde a infância acabam por implodir nosso organismo e, com ele, nossas células. Expressar--se chorando, gritando, caminhando ou praticando esportes não é tão nocivo quanto reprimir e guardar tudo dentro de si; é apenas um jeito de pôr a raiva para fora, extravasando a energia.

Eis como proponho que você expresse suas emoções. Depois de abrir seu coração para o exercício a seguir, você nunca mais agirá da mesma maneira diante de um problema. Você vai constatar que a situação está ali, se repetindo, mas que agora você já não a interpreta do mesmo modo, pois terá ferramentas para lidar com ela. Lembre-se, porém, de que ela só lhe será útil se você utilizá-la de maneira inteligente e com o coração. Afinal, uma ferramenta esquecida na gaveta não faz diferença alguma na nossa vida...

Essa ferramenta se divide em sete etapas, sendo que as cinco primeiras você deve realizar sozinho, num local tranquilo. Anote tudo que sentir durante o processo. Depois que estiver habituado a utilizar a ferramenta, não será mais preciso anotar tudo, pois as respostas virão automaticamente.

Em primeiro lugar, é muito importante **determinar quais são as emoções** e verificar o que se passa dentro de nós. Para isso, devemos observar nossos julgamentos sobre a pessoa com quem estamos vivendo o conflito. Precisamos nos perguntar o que acusamos essa pessoa de SER. A partir daí fica mais fácil saber exatamente o que sentimos com esses julgamentos. Tristeza, raiva, decepção, frustração, medo, ansiedade, rancor, agressividade...? Sejam quais forem as emoções, é necessário identificá-las. Sempre que você vive uma emoção (ou seja, sempre que faz uma acusação), há raiva e tristeza associadas a ela. Portanto, é recomendável reconhecer o máximo de sentimentos e sensações presentes em qualquer situação de forte carga emocional.

A segunda etapa é um pouco mais difícil. Trata-se de **aceitar a responsabilidade** pelo que você está vivendo, aceitar o fato de que foi você que criou suas emoções devido à sua percepção e às suas expectativas não atendidas. A principal causa das emoções é o medo que você tem em situações desse tipo, o que acaba distorcendo sua interpretação dos fatos e das intenções da outra pessoa.

Pense no seguinte exemplo: Uma de suas melhores amigas vem em sua direção usando um vestido novo. Ao avistá-la, você logo percebe que a cor não lhe cai bem. A seu ver, faz com que ela pareça apagada e sem vida. Você pensa: *Preciso avisá-la de que essa cor não fica bem nela. Ela tem que evitar roupas com esse tom. Alguém precisa lhe dizer isso, já que aparentemente ela não percebe.* Você então resolve ser a alma caridosa que vai lhe prestar esse favor.

Nesse contexto, sua amiga pode ter diferentes reações. Ela pode lhe agradecer pela franqueza: *Que bom que você me disse isso. É a* primeira vez que compro uma roupa desta cor. Obrigada pela sinceridade. Ela também pode ter uma reação indiferente, isenta de emoções, e pensar: *Tudo bem você não gostar desta cor. Cada um tem o direito de ter sua opinião!* Por fim, sua amiga também pode ficar com raiva e pensar: *Eu não perguntei nada. Por que está me dizendo essas coisas? Na primeira oportunidade também vou jogar minhas opiniões na sua cara.* Essa raiva tanto pode ser reprimida como expressa verbalmente. Quantas vezes você viveu emoções assim ao ouvir uma opinião não solicitada?

Seja a raiva expressa ou não, devemos necessariamente descobrir sua causa. O que provoca essas emoções? Nesse exemplo específico, o que provocou a raiva em sua amiga foi o seu comentário ou o modo como ela o interpretou? Todas as nossas emoções provêm, na verdade, da mesma fonte: o ego, que quer ter razão a todo custo. Mas a realidade, não raro, se mostra muito distinta: a culpa por nossas emoções sempre é nossa – mesmo que, aparentemente, seja despertada por outra pessoa.

Voltemos ao exemplo do marido que humilha a esposa na frente da família ou dos amigos. A atitude da esposa seria outra se ela se conscientizasse de suas emoções. Ela então compreenderia que suas expectativas decorrem do fato de ela querer que o parceiro se expresse reservadamente. Assim, conseguiria aceitar que no momento ele não é capaz de fazer isso. O mais importante é ela identificar o medo que sente nessa situação. Pode ser medo de ser depreciada, humilhada, rejeitada pelo marido e pelos outros, e, por conseguinte, de não ser amada. Essa etapa a conduzirá invariavelmente para a terceira etapa, que é a da reconciliação.

A etapa da **reconciliação** consiste em se colocar no lugar do outro. A melhor maneira de fazer isso é lembrar que tudo que vivemos com a outra pessoa também é vivido por ela da mesma forma, só que estritamente *no nível do SER*. No exemplo anterior, a esposa precisa entender que o marido tem os mesmos medos que ela – ou seja, medo de ser humilhado, depreciado, rejeitado e não amado. Ela deve então se perguntar em que circunstâncias ele se sente assim em relação a ela. Nesse caso específico, ela compreenderá que ele é incapaz de expressar privadamente suas insatisfações por puro medo.

Assim que perceber que o marido sofre tanto quanto ela, é provável que sinta compaixão e deixe de se ressentir com ele. Assim, suas emoções se dissiparão gradativamente e ela não sentirá mais raiva dele em situações parecidas.

Passemos agora para a quarta etapa, que é a mais difícil, mas também a mais importante. É a etapa do **PERDÃO** *verdadeiro*, que só pode se realizar quando você consegue perdoar a si mesmo. Perdoar a si mesmo significa dar-se o direito de ter sido o que acusamos o outro de "ser"; é dar-se o direito de sofrer porque carecemos de amor-próprio e buscamos constantemente o amor dos outros. Na realidade, é se permitir ter acusado o outro, ter se ressentido com ele, por causa de nossas próprias angústias. Também é dar-se o direito de ter despertado algum medo na outra pessoa. É tomar consciência de que não tínhamos a intenção de lhe fazer mal, assim como ela também não pretendia nos magoar. É possível que essa etapa demore para ser cumprida, mas não importa: tome o tempo que for necessário antes de passar para a seguinte.

A quinta etapa, que é *relacionar a emoção com nosso pai ou nossa mãe*, pode ser muito útil para o autoperdão. Por exemplo, a mulher que se sente humilhada pelo marido precisaria recuar até sua infância ou adolescência e se perguntar em que circunstâncias viveu sofrimentos, acusações, emoções ou julgamentos parecidos na sua relação com o pai. E por que com o pai? Porque as emoções que não foram resolvidas com nosso pai ou nossa mãe se perpetuam no futuro com pessoas do mesmo sexo que eles.

Com o coração aberto, a mulher poderá sentir que seu pai vivia, com ela e com a esposa, os mesmos medos que ela própria viveu com o pai e que agora repete com o marido. Ela terá mais compaixão pela garotinha dentro dela que vive esses medos desde a mais tenra idade. A cada etapa, o perdão é vivenciado de forma mais profunda. A terceira etapa, a da reconciliação, envolve ter compaixão pelo outro de modo a conseguirmos fazer o mesmo por nós. O perdão verdadeiro só acontece plenamente quando nos perdoamos também. Só assim evitamos reviver o mesmo tipo de emoção em situações similares.

A sexta etapa consiste em avaliar *o que você acha de se encontrar com a pessoa* em questão para partilhar com ela todo o seu processo de autodescoberta. Se tiver vontade de fazer isso, é sinal de que se conscientizou de suas emoções e assumiu sua responsabilidade. Se resistir, procurando desculpas para evitar a pessoa, isso significa que ainda resta uma etapa não concluída. Qualquer que seja sua situação, dê-se o tempo necessário para conseguir se expressar no seu próprio ritmo. Quanto maior e mais antigo for o sofrimento, mais dificuldade o ego terá para se entregar.

Quando você se sentir pronto, siga para a sétima etapa, que é *ir conversar com a pessoa envolvida*. Muita gente julga essa etapa desnecessária, pensando: *Para que ficar remoendo rancores antigos e contar o que estou sentindo se, de qualquer forma, já não guardo mágoa? Por que simplesmente não esquecer tudo isso?*

Essa é uma reação bastante natural. Saiba, porém, que a última etapa é tão importante quanto as outras. Ela ajuda a confirmar se você estava realmente agindo com o coração nas etapas anteriores. Encontrar desculpas é uma saída muito fácil. É preciso estar sempre alerta para não se deixar iludir pela força do próprio ego.

Voltando ao exemplo do marido que constrange a esposa na frente de amigos e familiares, eis como ela poderia conversar com ele:

Quero partilhar com você algo que tenho vivido. Quando você fala para os outros coisas que eu fiz e que o incomodaram, sem conversar comigo primeiro, isso me provoca tais e tais emoções. Descobri que sinto isso porque espero que você fale comigo antes e só conte para os outros com meu consentimento. Percebi que, quando você age assim, sinto tais e tais medos. Quero um dia ser capaz de lidar bem sempre que você não corresponder às minhas expectativas; no momento eu não consigo, está além dos meus limites. Mas me dê um pouco de tempo e eu chegarei lá.

Também descobri que, quando vivo uma situação difícil com uma pessoa, ela passa pela mesma experiência e sente os mesmos medos e as mesmas emoções que eu. Quando você se queixa de mim com os outros, fico com tanta raiva que acuso você de ser tal e tal coisa. Em que circunstâncias você também me acusa de ser assim? Isso desperta em você as mesmas emoções? Você sente os mesmos medos que eu?

A mulher não fez mais que expressar o que vivenciava, ao mesmo tempo demonstrando interesse pelo que era vivenciado por seu cônjuge. Não houve nenhuma acusação, somente um compartilhamento de sentimentos. Percebe quanto foi importante para ela só expressar suas emoções depois de assumir sua inteira responsabilidade por elas?

Esse é o melhor caminho para dominar as emoções. Mas também exige prática, uma vez que seu ego quer assumir o controle absoluto e seguir acreditando que tudo que você vive é culpa dos outros, que o único jeito de você se sentir bem é se as outras pessoas mudarem. Você decerto já passou pela experiência de querer mudar os outros e descobrir que, no fim das contas, isso não traz nenhum resultado.

Libertar-se das emoções por ter assumido sua responsabilidade é ótimo. Mas, se você não consegue expressar isso para a pessoa envolvida, está perdendo uma excelente oportunidade de semear amor ao seu redor. Fazer isso estreita os laços entre um casal, entre amigos ou entre pais e filhos de maneira muito benéfica. Conversar com a pessoa e expor o que a atitude dela despertou constitui um ato de amor verdadeiro, de confiança em si mesmo e nos outros.

De agora em diante, só depende de você parar de reprimir suas emoções e finalmente se responsabilizar por elas e expressá-las. Você experimentará não somente uma mudança interior, mas também uma importante transformação no plano físico. Pode ter a agradável surpresa de descobrir que seu corpo está livre de muitas enfermidades e talvez até perceba sua cintura afinando. É a região do plexo solar se liberando.

Quando aprender a expressar suas emoções, sua qualidade de vida irá melhorar visivelmente. Certifique-se, porém, de fazer isso com o coração, e não com a cabeça. Você não tem nada a ganhar se enganando. Note que você só saberá se está efetivamente agindo com o coração quando se expressar para a outra pessoa.

Se você tem esperança de mudar o comportamento do outro ao partilhar suas emoções, é porque ainda está agindo com a cabeça, alimentando expectativas sem aceitar sua responsabilidade.

Renunciar ao ego e nos deixar conduzir pelo coração sempre traz uma enorme mudança. Vejamos um exemplo banal. Vamos supor que você se incomode quando as portas dos armários da cozinha são deixadas abertas. Você sente muita frustração, e até raiva, quando um membro da família se esquece de fechá-las. Até que você se dá conta de que esse é um detalhe trivial do cotidiano e que, no fundo, não faz muita diferença para a sua vida, para os seus pensamentos, para o seu "eu". Você pode pensar: *Sou eu que gosto dessas portas fechadas. Então posso simplesmente fechá-las.* A partir desse momento, quando você para de querer controlar tudo e de esperar que os outros façam tudo nos seus termos, você deixa de ser controlado pelas emoções. As portas abertas já não o incomodam tanto, você não acusa mais os outros e apenas as fecha ao passar.

Como cada ato de aceitação traz consigo uma mudança inesperada: com o tempo, as pessoas da sua família passarão a fechar os armários espontaneamente, sem nem se darem conta disso. Já não se sentirão pressionadas pelo fato de você querer mudá-las. Esse é mais um exemplo de aceitação com o coração; você não vive mais aquela experiência da mesma maneira.

Ao agir assim repetidamente, você vai aos poucos rompendo os cordões com seus pais. Afinal, toda vez que se reconcilia com alguém, você também se reconcilia, por tabela, com o responsável com quem viveu essas mesmas emoções no passado. Se seus pais ainda estiverem vivos, é uma excelente ideia contar-lhes o que aconteceu e que, graças a outra pessoa, tomou consciência de ter ficado magoado com eles. O importante é você expressar como está feliz por ter a paz de volta ao seu coração.

Essas ferramentas já foram testadas por milhares de pessoas ao longo de décadas, então sugiro que você comece sua faxina interior agora mesmo. Você estará fazendo isso, em primeiro lugar, por si mesmo, por sua própria libertação. É claro que isso também inspira as outras pessoas a se libertarem, mas esse não deve ser seu objetivo principal.

Se você quer contar o que vivenciou para uma pessoa que não está mais neste mundo, ou com a qual tenha perdido contato, recolha-se num lugar tranquilo e se acomode numa posição confortável. Relaxe cada parte do seu corpo. Quando estiver bem relaxado, imagine-se numa sala sentado frente a frente com essa pessoa. Fale com ela como se vocês realmente estivessem juntos. Mesmo que seu corpo não seja percebido fisicamente, a alma dela receberá a mensagem, esteja ela viva ou não.

Uma última orientação antes de concluirmos este capítulo: não existem culpados quando se vive uma situação difícil com alguém. Vocês são simplesmente dois seres humanos que sofrem e estão vivendo a mesma coisa, e é por isso que o Deus interior de cada um os atraiu um para o outro. Essa situação foi criada para ajudar tanto um quanto outro a evoluir e a amar a si mesmo. É por isso que nesse exercício não devemos dizer ao outro que o perdoamos nem lhe pedir perdão. Isso, com efeito, suporia a existência de um culpado. Se uma pessoa o procura para dizer que o perdoa por suas atitudes passadas, você certamente vai entender que ela o está acusando de ter se comportado mal. Ela não está assumindo a própria responsabilidade. Isso só servirá para você se sentir incomodado, e ela não terá resolvido nada. Caso você volte a agir com ela da mesma maneira, ela tornará a viver emoções similares.

Nós nos reconciliamos com os outros quando já não nos ressentimos com eles, ao passo que o verdadeiro perdão só acontece quando perdoamos a nós mesmos.

EXERCÍCIOS

1. Pense em alguém com quem tenha vivido emoções intensas recentemente. Para começar, escolha uma situação pouco dolorosa, de menor importância.

2. Tomando o cuidado de anotar todo o processo, cumpra as cinco primeiras etapas sozinho. Isso ajudará você a ser objetivo e a esclarecer a situação.

3. Depois encontre essa pessoa envolvida a fim de expressar para ela a emoção que você vivenciou, como ensinado neste capítulo.

4. Em seguida, anote como se sentiu depois de ter cumprido as etapas anteriores.

5. Repita a seguinte afirmação o mais frequentemente possível:

> Aceito todas as minhas emoções e sei que tenho o poder de dominá-las assumindo minha responsabilidade e expressando-as para a outra pessoa.

CAPÍTULO 15
AS NECESSIDADES DO CORPO EMOCIONAL

Assim como acontece com o corpo mental, se você deixar de atender às necessidades do seu corpo emocional, isso causará efeitos danosos não apenas no plano das emoções, mas também nos planos mental e físico, uma vez que os três não podem ser dissociados. Qualquer ação ou mudança em um desses corpos afeta automaticamente os outros dois.

Você vai encontrar neste capítulo, em ordem de importância, as sete necessidades básicas que, quando atendidas, têm o poder de nutrir o seu corpo emocional. Quanto mais alimento você lhe fornece, mais você evolui para um melhor domínio de suas emoções, ao mesmo tempo que desenvolve sua capacidade de sentir. Muitas pessoas, infelizmente, optam por reprimir o que sentem e ignoram o que se passa dentro de si por medo de vivenciar as emoções. O corpo emocional delas se vê então bloqueado. Aceitar que nosso corpo é feito para sentir já é um grande passo para nos conduzir rumo à melhora de nosso estado emocional.

A primeira necessidade é **a criatividade**.
Ela é a expressão da sua individualidade, o que, por sua vez, constitui uma necessidade primordial. Não criar é destruir a si

mesmo ou imitar os outros. Quando você não explora seu lado criativo, sua vida emocional fica muito prejudicada. Qualquer pessoa no planeta é capaz de criar. Não há idade para ser criativo, e tampouco existe limite de tempo. Você pode criar durante toda a sua vida. E isso vale para qualquer indivíduo, sem exceção, na esfera pessoal ou profissional. Se você acha que seu trabalho se tornou muito monótono, então deve tentar compensar isso em outra atividade, como um hobby, por exemplo.

Criar não necessariamente significa inventar algo novo. Você pode expressar criatividade num arranjo floral, na confecção de uma roupa, na preparação de um novo prato a partir de sobras, no restauro de algum móvel ou objeto, na fotografia, na escrita, etc.

Você pode criar em todas as áreas da vida. No trabalho, por exemplo, seria pertinente apresentar aos seus chefes novas ideias que pudessem contribuir para um melhor funcionamento interno da empresa. O ato de criação, porém, deve ser realizado em primeiro lugar para você mesmo, para a sua satisfação, e não para ser reconhecido pelos outros. Mesmo que seus gestores não levem em conta, por enquanto, o seu conceito inovador, você ao menos terá tido a satisfação de utilizar seu potencial. E, quem sabe, talvez um dia você e a empresa ainda tirem proveito da sua grande ideia!

Todos nós possuímos talentos singulares à espera de serem explorados. Prova disso é que você certamente recorda aptidões que demonstrava na infância. Você tinha alguma habilidade para o desenho, por exemplo? Se sim, você talvez possa explorar essa faceta pintando quadros ou desenhando novas roupas. Se você tem interesse pela escrita, por que não explorar esse talento escrevendo um livro, por puro prazer pessoal e, se for o caso, submetê-lo a uma editora? Se acha que canta bem, por que não fazer aulas para aprimorar esse dom?

Ao usar seus talentos, ao produzir algo para seu próprio deleite, você dá vida à sua criatividade e, com isso, evita ser a cópia de outra pessoa. Alguns aplicam a criatividade principalmente no trabalho; outros, na vida pessoal. Não faz diferença – o importante é você poder dizer que está sendo criativo.

Criar também significa "cuidar da própria vida", tomar decisões condizentes com suas necessidades, em vez de atentar para as necessidades alheias.

Quando você não usa sua criatividade, fica mais difícil conseguir expressar sua individualidade, mostrar quem realmente é, e isso é uma grande necessidade do plano mental. No plano físico, podem ocorrer alergias e problemas respiratórios.

A segunda necessidade é a beleza.
Surpreendente, não é? A beleza é um aspecto bem mais importante do que a maioria das pessoas acredita. Elas, de fato, não percebem quanto a beleza é energizante e, acima de tudo, quanto contribui para nosso bem-estar. Pessoas infelizes ou acometidas de doenças graves costumam ter muita dificuldade em ver beleza à sua volta e em si mesmas. Focadas demais no que se passa com elas, não sabem (ou não conseguem mais) olhar para as coisas belas. Assim, podem ter uma forte tendência a se deprimir.

Mas veja bem: as pessoas não ficam doentes ou deprimidas por não estarem cercadas de beleza. O que ocorre é o contrário. Estão doentes, em boa parte, porque não atendem à sua necessidade de beleza. Com essa atitude, apartam-se definitivamente dessa necessidade essencial da alma, como alguém que esconde as janelas com cortinas pesadas, fecha todas as portas de casa e depois se queixa da falta de sol. O sol continua ali, na verdade; ela é que se nega a deixá-lo entrar.

O ser humano precisa perceber a beleza com seus olhos internos e externos. Só que é mais difícil distinguir a beleza a partir do interior se ela não for visível exteriormente.

Quando você passeia pela natureza, aposto que às vezes fica

profundamente tocado só de contemplar coisas como o esplendor de uma árvore ou de um pôr do sol. Como você se sente diante da beleza desse espetáculo? Consegue perceber o bem que isso lhe faz? É provável que experimente um profundo sentimento de felicidade, que contribui para fornecer um alimento vital para o seu corpo emocional. Esse é o poder da beleza.

Todo momento, toda circunstância da vida lhe oferece a oportunidade de se cercar de beleza. Sugiro começar por si mesmo, por aquilo que entra em contato com você (roupas, alimentos, objetos pessoais...). Escolha para si tudo o que há de melhor e mais bonito. Dê mais importância à qualidade que à quantidade. Tudo o que toca a sua pele deve ser visto como importante. A qualidade do tecido provoca um fenômeno no nível dos sentimentos. Quanto mais natural o tecido, mais prazer ele propicia ao seu corpo, já que essa roupa permite que ele respire.

Quando alguém elogiar você, simplesmente aceite a gentileza, em vez de ficar enfatizando seus defeitos.

Olhando para uma casa, para uma pessoa ou para a natureza, perceba a beleza que há nela. Às vezes não está aparente, mas sempre existe. Se acontecer de você conhecer uma pessoa e sentir algum incômodo em relação a ela, viva a experiência de observá-la, de vê-la com os olhos do coração e sentir nela algo de belo.

É possível perceber que a beleza tem sido cada vez mais buscada. Como você se sente quando entra num restaurante e vê uma decoração caprichada? Quando sua refeição é servida com uma apresentação elegante e original? Você não tem a impressão de ser nutrido mais pela beleza do que pelo conteúdo do prato? Só depende de você decidir viver cada vez mais em meio à beleza. Mesmo porque ela não está necessariamente associada ao preço das coisas. A natureza está aí para provar isso.

Quem não consegue ver beleza na própria vida terá, no plano mental, dificuldade em ser verdadeiro consigo mesmo e com os outros. No plano físico, será afetado por problemas respiratórios e alergias, como os que sofrem de carência de criatividade. Isso porque as duas primeiras necessidades do corpo emocional estão intimamente ligadas.

A terceira necessidade é **o afeto**.

O que ele é exatamente? O afeto tem a ver com saber que cada pessoa influencia a outra. Precisamos nos sentir importantes o suficiente para fazer diferença na vida das pessoas.

Quando você acredita que não toca a vida de ninguém, pois se acha sem importância, começa a se retrair, a refrear seus impulsos de afeto, e as pessoas à sua volta acabam fazendo o mesmo com você. Quando a falta de afeto se torna grande demais, é possível que você comece a buscar a atenção dos outros por todos os meios.

Quando falta afeto, quem será que se esqueceu de semeá-lo? Basta olhar ao redor para constatar que as pessoas às vezes se sentem mais à vontade em expressar carinho aos animais do que aos seres humanos, por exemplo. Uma amiga me contou que, depois da morte do cachorro da família, ela, o marido e a filha ficaram muito mais afetuosos uns com os outros. Ela nunca tinha se dado conta de que, assim que chegavam em casa, toda a alegria e o carinho eram canalizados para o animal de estimação. É claro que não há nada de errado em ser afetuoso com os animais, mas não podemos descuidar dos seres humanos! É comum ver uma esposa ou um marido afagando o cão ou o gato do casal em frente à televisão, enquanto a pessoa amada fica sozinha do outro lado do sofá, se sentindo renegada.

Mas o toque físico não é a única maneira de expressar afeto. Uma palavra de incentivo, uma flor, uma mensagem carinhosa ou um elogio são gestos de afeto igualmente válidos.

Há estudos que comprovam que quando um bebê recebe somente os cuidados essenciais (alimento, troca de fraldas, etc.), sem o menor sinal de afeto por parte dos pais, acaba apresentando sérios problemas de desenvolvimento. Isso comprova que o afeto é uma necessidade das mais cruciais.

A energia é a base de tudo na Terra. Para poder criar e obter alguma coisa, você deve empregar energia. E quanto mais energia de afeto você fizer circular, mais afeto irá recolher em resposta.

No plano físico, a carência de afeto se manifesta por problemas na região da boca e da nuca.

Quarta necessidade: **o pertencimento.**

O ser humano precisa sentir que pertence a uma família, a um grupo ou ao lugar em que se encontra. Esse conceito, aliás, é facilmente observado desde a infância. Ainda pequena, a criança quer se cercar de amigos. Quando ela é muito tímida ou retraída e não consegue se incluir em algum grupo, é visível a tristeza que a abate.

Essa grande necessidade também pode ser constatada em muitos adolescentes, que, em determinado momento da vida, rebelam-se contra a família e não se sentem mais parte dela. Muitos então se associam a bandos ou gangues, dispostos a suportar as piores atrocidades ou a se transformar aos poucos em criminosos apenas para saciar essa necessidade de pertencimento. O que os jovens não sabem é que essa sensação deve vir de dentro antes de poder se manifestar do lado de fora.

Como o pertencimento vem de dentro, só você é capaz de decidir de que modo quer manifestá-lo. Você costuma frequentar o mesmo restaurante, passar as férias no mesmo lugar ou andar sempre com as mesmas pessoas porque se sente familiarizado? Isso é sinal de que, no momento, você carece de pertencimento interior, o que lhe causa dificuldade de se adaptar, de se sentir confortável num lugar novo.

Mas não existe lugar em que você deva se sentir desconfortável ou que não seja adequado para você – é você quem, a cada instante, deve decidir se pertence ou não.

Pertencer não significa se sentir totalmente à vontade em qualquer parte. Mas onde quer que você se encontre, cercado de amigos ou de estranhos, de riqueza ou de pobreza, de caos ou de sossego, saiba que tem o direito de estar ali. Quando aceitar esse princípio, você eliminará todo e qualquer mal-estar por se achar num lugar atípico; perceberá que de fato pertence à sua família, ao seu local de trabalho ou à sua nova residência, apesar de nem sempre essas coisas corresponderem às suas preferências.

Quanto mais você nutrir essa sensação de pertencimento, mais aceitará o fato de que nada lhe *pertence* verdadeiramente. Compreenderá que as pessoas e coisas que aparecem na sua vida estão apenas de passagem para ajudar você em sua evolução, e não para que você as possua. Parece paradoxal, mas é algo que você precisa experienciar para sentir simultaneamente o pertencimento e o desapego. Em resumo, quanto mais você desenvolver seu senso de pertencimento, menos possessivo será em relação aos outros.

Não atender a essa necessidade traz consequências nocivas. No plano mental, isso afeta sua necessidade de orientação, isto é, sua capacidade de guiar os outros sem expectativas e deixar-se guiar da mesma forma. Além disso, ao sofrer de um vazio interior, é possível que no plano físico você tenda a preencher essa lacuna com comida, bebida alcoólica, drogas, cigarros ou medicamentos. Como resultado, essa carência causa diversos problemas em todo o sistema digestivo, além de afetar a parte superior das costas.

A quinta necessidade é uma dupla: **a esperança e o desejo**.
Imagine que você está preso debaixo da terra, numa espécie de túnel sem abertura, certo de não haver a menor chance de sair dali. Melhor morrer, não é mesmo? Mas agora imagine que você viu um pequeno clarão cintilando ao longe. Tudo muda de figura. A esperança renasce. Esse ínfimo fio de luz lhe devolve energia. O tempo exigido para chegar ao fim do túnel deixa de ser um obstáculo.

Assim é com cada um de nós. Na vida, caminhamos o tempo todo em direção à luz. Sempre há algo maravilhoso esperando por nós no fim da estrada que escolhemos trilhar. Por isso precisamos manter viva a esperança de que tudo vai melhorar, tanto no plano físico quanto no emocional e no mental. O que vivemos neste momento são experiências que existem para nos ensinar algo sobre nós mesmos. À medida que formos aprendendo, haverá mais luz, mais clareza, mais calor e mais amor dentro de nós.

A esperança também nos ajuda a confirmar nosso desejo para em seguida podermos realizá-lo. Algumas filosofias afirmam que devemos renunciar ao desejo, mas, de minha parte, acredito que precisamos dele para nutrir nosso corpo emocional.

É preciso ter a consciência, entretanto, de só desejar coisas que atendam a uma necessidade de SER. Você deve então, antes de mais nada, fazer-se a seguinte pergunta: *Conseguir o que eu quero vai me ajudar a ser o quê?* Se sentir dificuldade em ouvir a resposta dentro de si, você pode se perguntar como se sentiria caso esse desejo se manifestasse. Vamos supor que você queira *ser calmo*. Você pode querer comprar uma casa no campo, ou sair de férias sozinho sem os filhos, ou ter mais dinheiro... Qualquer que seja o desejo, lembre-se de que ele é apenas *um meio* para você conseguir *se tornar aquilo que quer ser*. Se ficar focado exclusivamente nesse meio e seu desejo não se manifestar, tenha em mente que você pode encontrar um outro meio – um outro desejo – para alcançar sua necessidade de ser calmo.

No plano mental, a consequência de não atender a essa necessidade é uma dificuldade de se entregar, isto é, de ficar bem mesmo não alcançando os resultados pretendidos. No plano físico, isso afeta a região central das costas, os órgãos excretores e os órgãos sexuais.

Sexta necessidade: a confiança.
O que significa *ser confiante*? As respostas são várias. Muita gente confunde confiança com fé, coragem, perseverança e determinação.

Autoconfiança não é se jogar irrefletidamente num projeto ou lutar contra os seus medos: isso é coragem. Autoconfiança é estar tão consciente do seu valor, das suas capacidades, que você consegue facilmente se abrir, se expressar, se revelar para os outros sem medo de ser julgado por quem quer que seja.

Quanto mais você aprende a confiar em si mesmo, a se expressar sem medir o que diz nem a quem se dirige, mais consciente você se torna de sua crescente autoconfiança. E, por isso mesmo, atrai a confiança dos outros.

Imagine que uma amiga lhe conte seus mais secretos pensamentos e se abra com você sem nenhuma restrição. Não lhe dá vontade de também se abrir com essa pessoa? O mesmo se aplica a funcionários e seus chefes. Um funcionário capaz de se revelar, de expressar seus medos, limitações e sentimentos no momento em que sente, ganha mais a confiança de seus gestores.

Você costuma escolher a pessoa com quem vai se abrir? Seus problemas profissionais, pessoais, afetivos ou sexuais são confidenciados a pessoas distintas? A verdadeira autoconfiança lhe permitirá revelar-se para qualquer pessoa. Só é preciso não confundir as coisas! Não quero aqui, obviamente, incitá-lo a contar sua vida para todo mundo a qualquer momento. Mas se você sentir um súbito e espontâneo desejo de se abrir com uma pessoa, mesmo sem conhecê-la intimamente, faça-o. Seu medo de se expor, de ser julgado, vai se dissipar aos poucos. Você deixará de se inibir pelo que seu interlocutor ou quem quer que seja possa pensar de você.

A autoconfiança não é algo inato ou hereditário; adquire-se com o tempo. Você é quem decide ter confiança em si mesmo, em suas capacidades e em seu valor. A falta de autoconfiança gera automaticamente falta de confiança nos outros, e vice-versa, e ambas nos prejudicam na mesma medida.

No plano mental, a falta de confiança nos causa a impressão de que a vida é perigosa. No plano físico, pode causar dor na parte inferior das costas e na barriga, bem como nas pernas e nos braços – membros que impulsionam o movimento. Os problemas de nervo ciático também estão diretamente relacionados à falta de segurança.

Sétima necessidade: **objetivo**.

É fundamental ter vários objetivos na vida.

Se eu perguntasse: "Dou três minutos para você me dizer quais são seus objetivos de curto (até seis meses), médio (até cinco anos) e longo prazo (mais de cinco anos)", o que você responderia? Conseguiria citar seus objetivos em cada uma dessas três categorias? Seria difícil, não é mesmo? Infelizmente, para muitas pessoas os objetivos costumam ser inexistentes!

Todavia, é muito importante para nós ter pelo menos um objetivo claro. Isso, por si só, acentua nossa vontade de viver. Se você não tem o hábito de traçar objetivos, comece por aqueles mais fáceis de alcançar. Com a prática, aos poucos você se atreverá a perseguir objetivos maiores! Lembre-se, porém, de que a maior alegria de ter objetivos está nas etapas necessárias para concretizá-los. É quando você se sente mais vivo, mais revigorado.

Também é preciso saber que os objetivos variam segundo as nossas necessidades. Digamos que um de seus objetivos seja conseguir falar inglês daqui a seis meses. Passado um mês, você percebe que aprender espanhol é mais urgente. Não tem problema mudar os planos, desde que você sempre tenha um objetivo e trabalhe nele regularmente.

Entretanto, certifique-se de ter bem clara a diferença entre "desejo" e "objetivo". Se você me diz que quer ter sua casa própria no ano que vem, isso é um desejo. Torna-se um objetivo quando você começa a se pôr em ação, a tomar alguma atitude para alcançá-lo. Seu desejo se transforma em objetivo quando você passa a recortar anúncios, a visitar imóveis, a poupar dinheiro, a traçar planos de execução, a pensar na decoração e até a sentir a felicidade de viver nessa futura casa. Quando você investe energia na realização de seu desejo, ele se torna um objetivo concreto. Se eu lhe dissesse para aplicar vinte dólares no banco toda semana para um projeto tão grande como uma casa própria, você acharia essa ideia ridícula: *Quem consegue comprar uma casa com tão pouco dinheiro? Vai levar no mínimo uns cinquenta anos!* A questão não é essa. Antes de qualquer coisa, você deve visualizar seu desejo, acreditar nele e efetuar semanalmente ações relacionadas ao seu objetivo. Essas ações levarão a outras, mais importantes, até que seu desejo se realize.

Centenas de pessoas vivem sozinhas. Gostariam de conhecer um par compatível, mas não tomam nenhuma atitude nesse sentido, de modo que tudo permanece estéril no nível do sonho. Sentam-se na frente da televisão assim que chegam do trabalho! Desse jeito fica difícil conhecer alguém... Está claro que isso demanda uma ação concreta, como, por exemplo, tomar a iniciativa de puxar assunto todo dia com uma nova pessoa...

Um desejo se tornará realidade se você fizer dele um objetivo. Você verá que ter um objetivo vai apimentar seu cotidiano e lhe devolver o gosto pela vida, além de alimentar seu corpo emocional. Você começará o dia cheio de ânimo por saber que está vivendo com um propósito. Só não seja muito rígido consigo mesmo. Fixar um objetivo específico com um prazo determinado e contar para todo mundo o que você quer realizar é uma boa ideia. Mas recusar-se a mudá-lo, isto é, prosseguir com um objetivo mesmo que já não lhe convenha, por medo do que os outros vão dizer, não lhe trará qualquer benefício.

Quando quiser transformar seu desejo em objetivo, consulte seu Deus interior para determinar se ele é realmente benéfico para você. Verifique, sobretudo, como você se sente ao visualizar esse desejo já realizado. Acontece uma agitação dentro de você?

Além disso, conseguir o que você quer vai ajudá-lo a *ser o quê*? No plano mental, não ter objetivos nos impede de seguir um propósito, de nos perguntar o que estamos fazendo neste planeta.

No plano físico, desencadeia os mesmos sintomas que aqueles causados pela falta de confiança: dor na parte inferior das costas e na barriga, bem como nas pernas e nos braços. São também comuns os problemas de nervo ciático.

É importante lembrar que, quando não atendemos a qualquer uma dessas necessidades, provocamos o bloqueio da nossa energia e, portanto, sua diminuição progressiva.

EXERCÍCIOS

1. Antes de passar para o capítulo seguinte, liste numa folha de papel as necessidades do seu corpo emocional.

2. Em seguida, verifique qual dessas necessidades tem sido negligenciada. De que alimento emocional você anda se privando? Assim você compreenderá mais facilmente por que vive tantas emoções na vida. Quanto mais fornecer um bom alimento ao seu corpo emocional, melhor saberá dominar suas emoções.

3. Anote uma ação que poderá realizar ao longo da semana para atender ao que mais lhe falta no plano emocional.

4. Repita a seguinte afirmação o mais frequentemente possível:

> Agora estou determinado a respeitar as necessidades do meu corpo emocional, e isso melhora minha saúde emocional e me deixa em harmonia.

PARTE IV

ESCUTE O SEU CORPO FÍSICO

CAPÍTULO 16

VOCÊ ALIMENTA SEU CORPO FÍSICO CONFORME CONDUZ SUA VIDA

Seu corpo físico é a máquina mais extraordinária que existe neste planeta. Ninguém até hoje conseguiu projetar nem construir uma réplica dessa maravilha. O ser humano não utiliza mais que 10% de sua capacidade mental. Por conseguinte, está em contato com a mesma porcentagem de suas faculdades emocionais e físicas, visto que não há como dissociar esses três corpos que formam um todo em nossa dimensão material. Por ser o órgão que liga nosso corpo físico aos outros dois corpos, o cérebro nos permite verificar, entre outras coisas, que nosso potencial é muito pouco aproveitado.

Já desde o nascimento, nosso corpo sabe como se comportar. Não é necessário ensinar-lhe a dormir, ter sede, chorar, espirrar, transpirar, sentir calor ou frio, excretar, digerir, bocejar, vomitar, engolir, rir, se mexer, sangrar, cicatrizar, etc. Ele sabe instintivamente, de modo natural, fazer essas coisas. Você já tinha se dado conta disso?

A mãe confia em seu recém-nascido. Ela, em geral, espera que o bebê acorde e queira mamar, e sabe identificar pelo seu choro se ele está com fome. Entretanto, assim que surge a primeira dentição, ela passa a decidir pelo filho a frequência de suas refeições com base no que aprendeu ao longo da vida.

Assim, depois de alguns meses de vida, já não se permite à criança confiar no seu corpo físico, embora este, por sua vez, conheça suas reais necessidades. Mesmo que sua atividade mental pareça não estar ainda totalmente desperta, o bebê vai incorporar tudo o que lhe for ensinado. Ficará tudo bem gravado em sua memória. Ao mesmo tempo, ele aos poucos vai aprendendo a alimentar o próprio corpo de acordo com a decisão de seus pais. Como as necessidades de seu corpo são ignoradas, a criança é impedida de descobrir do que realmente precisa, e em que momento precisa. Uma vez adulta, e tendo seguido esse modelo de educação, ela já não será capaz de identificar as verdadeiras necessidades de seu corpo.

Considerando tudo isso, é interessante observar que o modo como nos alimentamos corresponde ao modo como vivemos, à educação e às crenças que nos foram incutidas desde pequenos. Como você se alimenta? De modo rotineiro, por hábito? Ou seja, café da manhã, almoço e jantar em horários fixos? Você come sem se questionar, pois foi assim que aprendeu? Se for o caso, é bem provável que você aja do mesmo modo em outras áreas da sua vida. São inúmeras as situações, portanto, em que não é você quem decide. Você faz uma série de coisas porque sempre fez assim, sem avaliar se correspondem às suas necessidades. Você não sabe por quê, apenas pressupõe que é assim que deve ser.

Sobre esse tema, gosto muito de contar a história de uma jovem que, ao cozinhar uma peça de presunto – uma receita tradicional de família – sempre cortava as duas pontas do presunto antes de colocá-lo na panela. Seu marido, intrigado, perguntou o motivo dessa técnica, ao que ela respondeu: *Não sei, minha mãe sempre fez assim*. Curioso, o homem então perguntou à sogra por que razão ela cortava as duas pontas do presunto. A resposta foi a seguinte: *Não sei, era assim que minha mãe fazia.* Ele então aproveitou uma reunião familiar para fazer a mesma pergunta à avó da esposa, que respondeu: *Sabe, meu filho, quando eu era criança, minha família era muito pobre. Tínhamos uma única panela, e ela era muito pequena para cozinhar um presunto inteiro. Então a gente cortava as duas pontas e guardava para fazer depois.* Essa história ilustra muito bem quantos costumes seguimos na vida de forma rotineira sem saber realmente por quê. Por puro hábito, continuamos repetindo as mesmas práticas, de geração em geração.

Você dá muita importância a princípios e tradições? Se acha que não, observe sua alimentação. Se é como a maioria das pessoas, deve comer sempre nos mesmos horários, pois acredita que precisa fazer isso para se alimentar e não ficar doente. Se você vai sair à noite e se obriga a comer antes de ir por medo de sentir fome mais tarde, sem sequer avaliar se está mesmo com apetite, então você provavelmente age da mesma forma em outras áreas da vida. Você é movido pelo medo. Não está sendo você mesmo. Comporta-se o tempo todo cumprindo algum "dever".

Pode ser que você coma por medo de desperdiçar os alimentos que estão estragando na geladeira, sem se perguntar se são realmente o que seu corpo está pedindo. Isso também acaba se repetindo em outros aspectos da sua vida. Você toma decisões sem se perguntar o que deveria ser feito, agindo de forma automática, do modo como lhe ensinaram a fazer, sem checar se isso atende a alguma necessidade sua.

Já o seu corpo sabe muito bem quando está com fome. Se você sentir fome duas ou três horas antes de poder comer, fale assim com seu corpo: *Espere, não vai demorar. Vamos comer um pouco mais tarde hoje.* E não tenha receio de comer demais para compensar. Quando fornecer ao seu corpo o que ele realmente necessita, ele saberá muito bem quando parar, mesmo tendo esperado mais que o habitual.

Se você segue inúmeros hábitos alimentares, é porque se guia pelo olhar dos outros. Assim, frases como "O que vão pensar? O que vão dizer? Como vão reagir?" são muito importantes para você. Pode ser, por exemplo, que em vez de pensar, agir ou se vestir do jeito que quer, sobretudo se esse jeito não for o jeito considerado "normal", você tema a reação dos outros e não se atreva a ser você mesmo. Todos esses pequenos detalhes geram insatisfação. Pare de procurar a causa: aprenda a conhecer suas reais necessidades.

O fato de você comer de acordo com alguma regra preestabelecida também indica que você é fortemente dominado pela noção de **certo e errado** e demonstra uma rigidez excessiva. Você decide que tal coisa é "do bem" e outra é "do mal", quando na verdade não existe essa dicotomia na vida. O que é considerado "certo" por uma pessoa pode ser considerado "errado" por outra. Portanto, sugiro que você empregue, em vez disso, os termos "benéfico" ou "não benéfico", e então avalie o que faz bem para você. A experiência dos outros a eles pertence, e eles terão seu próprio aprendizado. A maneira deles de ser ou agir, ainda que se enquadre na noção que você tem de errado ou não benéfico, permite que eles aprendam o que têm para aprender segundo o plano de vida deles.

Alimentar-se e agir por hábito ou de acordo com algum princípio advém da dimensão mental. Mas você pode descobrir, observando o modo como se alimenta, que em certos momentos essa atitude tende a se situar na dimensão emocional.

Todos nós, de uma forma ou de outra, aprendemos desde cedo a usar a comida como compensação. E depois reproduzimos esse comportamento. Quando uma criança se machuca ou está triste, seu impulso é lhe dar um doce ou um biscoito para consolá-la?

Quando ela precisa de atenção, você lhe oferece algo para comer? Se ela está com raiva, de mau humor, ou se brigou com um coleguinha, você, de novo, a manipula por meio da comida, dizendo: "Se você se comportar, eu te levo para tomar um sorvete"? Também pode ser que você puna a criança que fez algo "errado" privando-a da sobremesa. Muitas mães agem assim porque é isso que aprenderam com a mãe delas. São hábitos que, infelizmente, têm um forte impacto na vida de seus filhos e que se perpetuam na vida adulta. Assim, aquilo que mais impressionou você até os 7 anos continua a produzir efeitos na sua vida. É isso que está na origem dos seus comportamentos atuais.

E olhando para você mesmo, hoje, como se relaciona com a comida? Você come ou bebe para aliviar uma emoção, para passar o tempo, como forma de consolo ou recompensa? Se for o caso, está deixando sua dimensão emocional controlar sua vida.

Outro hábito comum é desejar algum alimento para satisfazer os sentidos. Por exemplo: você está sem fome nenhuma, mas, passando em frente a uma sorveteria, avista uma grande variedade de sorvetes. Parecem tão deliciosos que você não consegue resistir. Decide então comprar um, embora minutos atrás isso nem lhe passasse pela cabeça. A simples imagem dos sorvetes lhe deu vontade de comer um.

Você costuma ser incitado a comer ou beber alguma coisa por algum dos seus sentidos, sendo que se não a tivesse visto, cheirado, provado ou tocado, ou se não tivesse ouvido falar nela, essa ideia ou vontade nem teria lhe ocorrido? Se for o caso, se esse sentido assume de fato o controle nesse momento, então ele provavelmente o assume em outras situações, em outras áreas da vida. Mais um exemplo: você chega ao cinema depois de uma farta refeição que o deixou plenamente saciado. Mas o cheiro de pipoca atiça os seus sentidos e você vai logo comprando um pacote.

Por outro lado, se você está no trabalho às onze horas da manhã, sente a súbita vontade de comer um pastel e compra um na hora do almoço, então seu desejo de comer não foi provocado por seus sentidos, pois você desejou esse pastel antes de vê-lo, cheirá-lo ou ouvir falar nele. Pensou nele antes de seus sentidos suscitarem essa escolha. Entretanto, certifique-se de que está mesmo com fome e, em caso negativo, esteja ciente de que esse desejo de pastel pode ter sido causado por alguma emoção.

É possível que, influenciado por seus sentidos, você faça várias outras coisas compulsivamente, como comprar, dormir, ver televisão, fazer amor... Observe-se um pouco melhor. Você tem dificuldade de controlar seus sentidos? Se tem, é porque se deixa influenciar pelos outros ou por estímulos externos sem verificar se está atendendo a uma necessidade sua.

Isso também significa uma mensagem de seu Deus interior alertando que pelo menos um de seus sentidos não está satisfeito psicologicamente. Pode ser a visão, a audição, o olfato, o tato ou o paladar.

Visão: você se incomoda com aquilo que vê em si mesmo ou à sua volta. Então sua voz interior deve lhe dizer: *Aprenda a se enxergar com os olhos do amor. O que o incomoda naquilo que você vê à sua volta não lhe diz respeito. Não é da sua conta.* Ou então: *Tome uma atitude em relação a isso, em vez de continuar se incomodando com aquilo que vê.*

Audição: você se incomoda com aquilo que ouve, seja em casa ou fora dela. O simples fato de atentar para isso o ajudará a ter consciência de que os outros não podem sempre falar do jeito como você gostaria ou dizer coisas que lhe agradem. Você não pode controlar tudo. Esse incômodo também pode significar que você não quer ouvir a voz de seu Deus interior, que lhe fala através de sua intuição.

Olfato: você não pode nem sentir o cheiro de algo ou alguém em específico? Pode ser seu vizinho, seu chefe, um membro da família ou até a mobília da sua sala de estar. Os julgamentos que você faz sobre as coisas ou as pessoas são os mesmos que faz sobre si. Você se sente tão bem ou mal consigo mesmo quanto com os outros.

Tato: você está satisfeito com sua vida afetiva? Se você não tem afeto suficiente, quem será que se esqueceu de semeá-lo? Se você quer colher, trate de semear! Os sinais de afeto são simples e inúmeros: um olhar, uma mensagem, uma flor, um elogio, uma declaração de amor, um gesto de carinho. Comece a semear afeto ao seu redor e, inevitavelmente, passará a recebê-lo. E não se esqueça de dar afeto a si mesmo!

Paladar: se você come quando está sem fome e, principalmente, se tem dificuldade em parar de comer porque está gostoso, é bem possível que sua vida sexual seja insatisfatória. O que você pode fazer para resolver isso?

Sempre que um dos seus sentidos não estiver sendo satisfeito, aja. Se sua insatisfação tiver a ver com outra pessoa, com alguém que você gostaria que mudasse para corresponder às suas expectativas, seu corpo está lhe dizendo que suas ações têm sido comandadas pelo medo, não pelo coração. Deixe o outro viver a vida dele como bem entender, e assim você terá mais tempo e energia para dirigir sua própria vida, de acordo com suas próprias necessidades. Sempre há consequências desagradáveis, se não nocivas, quando nossa felicidade depende de outra pessoa.

Qualquer que seja a dimensão que exerce mais controle sobre você, é preciso que um dia você consiga dominá-la.

Se for a dimensão mental, questione-se mais. Você decerto faz muitas coisas por hábito. Nesse sentido, seria importante você parar um pouco antes de agir ou dizer certas coisas, e fazer a si mesmo as seguintes perguntas: *Isso é realmente o que eu quero di-*

zer ou fazer? Será que vai me deixar mais feliz? Isso vai me ajudar a ser o quê? Será que preciso mesmo disso? É importante você se dar algum tempo para completar esse questionamento interior.

Se for a dimensão emocional, aprenda a expressar suas emoções como discutido no capítulo 14.

Se for a dimensão física, pare um instante e pergunte-se: *Qual dos meus sentidos não está sendo satisfeito?* Examine-os um por um e procure identificar o que não está totalmente preenchido. Pode ser o que você vê, o que ouve ou o que cheira; pode ser sua vida afetiva ou sexual. Tome o tempo que for necessário para olhar bem para dentro de si, e obterá a resposta.

Seguindo esse método, você de fato vai descobrir muitas coisas a seu respeito. Também vai perceber que transita entre uma dimensão e outra, mas que, de modo geral, sempre existe uma menos harmoniosa, ou mais deficiente.

Você vai reparar que, com o tempo, seus impulsos alimentares passarão a ser provocados mais pela fome que pela gula. Você perceberá que ocorreram importantes mudanças internas. À medida que for mudando sua maneira de pensar, é provável que até mesmo seus gostos se modifiquem.

Seu corpo é tão maravilhoso que sabe exatamente do que necessita e em que momento deve pedir. Ele é constituído de seis elementos essenciais, que são os seis elementos nutritivos: água, proteínas, vitaminas, glicídios (açúcares e carboidratos), lipídios (gorduras essenciais) e minerais. Sempre que o corpo carece de um ou mais desses elementos, ele envia uma mensagem ao seu cérebro para lhe avisar. O cérebro, por sua vez, faz você sentir a vontade e a necessidade de comer algo que possa preencher essa carência.

Como podemos ver, não há por que se preocupar com a escolha de seus alimentos ou com o momento adequado para consumi-los. Se você desenvolver uma confiança absoluta no seu corpo, saberá exatamente quando está com fome e do que está precisando. Não é necessário alimentar seu corpo para o caso de ele vir a ter fome em algum momento se agora não lhe falta nada. Qualquer que seja a sua carência (minerais, proteínas, gorduras ou açúcares), seu corpo lhe despertará vontade de comer o que estiver faltando. Seu cérebro, esse extraordinário e poderoso computador, registrou tudo o que você provou desde que nasceu e sabe perfeitamente o que cada alimento contém. Assim que precisa de alguma coisa, seu corpo envia a mensagem para o seu cérebro. Você só precisa escutá-lo. Você por acaso diz ao seu corpo quando transpirar? Quando sentir frio ou calor? Quando espirrar? Não. E com certeza também confia nele em outros aspectos, não é mesmo? Então por que não fazer o mesmo com a alimentação?

Você não precisa tomar nenhuma decisão pelo seu corpo nesse sentido. Cabe a ele a responsabilidade de comunicar suas necessidades ao cérebro. Uma pessoa de dieta, por exemplo, dita ao próprio corpo a escolha dos alimentos, a maneira de comê-los e o momento certo de fazê-lo. Isso contraria as leis da natureza. Quando segue um regime, você transmite ao seu corpo uma mensagem como esta: *A partir de hoje eu decido quais serão suas necessidades, o horário em que elas serão atendidas e com que frequência.* A verdade é que é muito mais simples confiar nesse grande amigo dentro de você.

Há pessoas que fazem uma única grande refeição por dia, umas acordam famintas, outras não sentem necessidade de comer quando acordam. Muitas preferem tomar um belo café da manhã e dispensam o almoço. Já outras precisam fazer cinco refeições leves por dia. Cabe a você descobrir o que mais lhe convém, pois cada pessoa é única. Simplesmente confie no seu corpo. (Mas atenção: é claro que, em caso de necessidade de controle especial por conta de alguma doença, você pode precisar fazer ajustes em sua alimentação.)

Seu corpo tanto pode absorver o cálcio como rejeitá-lo em parte, ou pode ter dificuldade em regular o colesterol. Esses são apenas dois exemplos para mostrar que você não está consciente de todas as funções do seu corpo. Ainda não atingiu um nível de consciência suficientemente elevado para perceber tudo o que se passa dentro de si. Não é preciso dar instruções ao seu corpo no que concerne à digestão; você não tem que mandá-lo levar os alimentos do estômago para o intestino, ou acionar o fígado e o pâncreas. Seu corpo cuida sozinho da digestão, da absorção e da excreção de nutrientes.

A única responsabilidade que você tem é ajudar seu corpo por todos os meios que julgar apropriados. Você é o único responsável por ele. À medida que você desenvolver seu estado de consciência, ficará muito mais fácil interpretar as mensagens e agir de acordo com elas. Em suma, faça a sua parte e o seu corpo fará a dele. Assim, a energia será distribuída de forma harmoniosa, e sua saúde só terá a ganhar.

Muita gente utiliza diariamente em sua alimentação ingredientes não reconhecidos como nutrientes essenciais para o corpo humano. Esses ingredientes se transformam em veneno, uma vez que retiram energia do corpo ao invés de fornecê-la. Entre esses venenos estão o álcool, o açúcar comum (e tudo que for refinado, como farinha e arroz branco), a cafeína, o tabaco (pela inalação da fumaça), as gorduras não essenciais, bem como todos os produtos químicos, incluindo medicamentos, conservantes e corantes.

Como você se alimenta? Você fornece ao seu corpo ingredientes que correspondem aos seis elementos nutritivos? Uma boa alimentação traz benefícios às suas dimensões física, emocional e mental, uma vez que os três corpos são indissociáveis. É, sem dúvida, um passo na direção certa!

Algumas pessoas adotam o vegetarianismo com boas intenções,

mas não se dão conta de que a alimentação é apenas uma dimensão do ser humano, e não sua totalidade.

Fazer seu corpo absorver cotidianamente bebidas alcoólicas, refrigerantes, alimentos com muito açúcar e produtos químicos, além de sobrecarregá-lo, também indica que você precisa rever sua relação consigo mesmo. Você talvez ache que esse comportamento lhe faz bem no momento, mas a verdade é que, mesmo que lhe traga um conforto imediato, o corpo vai acabar cobrando o preço. Não se admire se, em vez de atender às suas demandas, seu corpo se revoltar e questioná-lo: *Por que eu tenho que funcionar direito se você não me alimenta como eu preciso?* Em compensação, se adotar hábitos mais saudáveis, você poderá ajudar a si mesmo e ao seu corpo.

No fundo, é tudo muito simples. Basta ter um pouco de conhecimento, tornar-se mais consciente e se manter alerta para reencontrar sua verdadeira natureza. Se você come muito açúcar, por exemplo, é porque falta doçura na sua vida: você não se permite certas coisas que lhe dariam prazer! Se, inversamente, come com muito sal, você tem tendência à autocrítica. Se exagera na pimenta, sua vida carece de tempero. Se toma muito café, há pouquíssimo estímulo na sua vida.

EXERCÍCIOS

1. Ao longo da próxima semana, pergunte-se diariamente se você está mesmo com fome antes de fazer uma refeição.

2. Ao fim de cada refeição, ou no fim do dia, anote tudo o que você comeu e bebeu, especificando se o fez por fome, emoção, hábito ou gulodice. Não trate este exercício como se fosse uma dieta, pois não é o caso. O único objetivo aqui é você se observar

para conseguir ver quem ou o quê domina seu comportamento, e que aspecto da sua vida precisa ser mais trabalhado em qualquer uma das três dimensões: mental, física e emocional.

3. Repita a seguinte afirmação o mais frequentemente possível:

Estou cada vez mais consciente e atento ao que motiva minha alimentação, e espero meu corpo me informar quais são suas necessidades quando está com fome.

CAPÍTULO 17
QUESTÕES RELACIONADAS AO PESO CORPORAL

O nosso peso muitas vezes reflete aquilo que se passa dentro de nós.

Uma pessoa excessivamente magra talvez viva afastada da vida material, refugiando-se no mundo intelectual ou espiritual. O baixo peso significa que ela não se julga importante o suficiente ou digno de ter prazer no plano físico.

Apartar-se dessa forma do mundo material indica também que ela está evitando sentir e ter desejos; por consequência, não nutre o seu corpo emocional tanto quanto deveria.

Há também a possibilidade de essa pessoa estar dando mais do que recebe. Falta o ponto de equilíbrio. Ela precisa compreender que merece, como qualquer um, receber mais na vida. À medida que mudar sua maneira de ser, de pensar, de sentir as coisas, seu corpo atingirá um peso mais saudável.

Todos nós devemos aprender a seguir o ritmo do nosso corpo. Precisamos estar atentos, sobretudo, às nossas próprias necessidades.

Já o excesso de peso possui vários significados. Mas, antes de tudo, é preciso esclarecer o que se entende por "excesso de peso".

Muita gente se queixa de sobrepeso equivocadamente. Em geral, essas pessoas são muito idealistas em relação à própria aparência, desejando corresponder aos padrões estéticos irreais que a mídia nos impõe.

Quer você pertença a essa categoria, quer tenha mesmo um sobrepeso que prejudique a sua saúde, o fato é que a preocupação com o peso afeta consideravelmente a sua vida. O sobrepeso pode, de fato, limitá-lo em atividades que você gosta de fazer, além de causar problemas físicos, como falta de ar, cardiopatias, dores nas pernas e nas costas, etc.

Quando uma pessoa decide fazer um regime para emagrecer, tenha ela ou não um real problema de peso, isso significa uma recusa em assumir responsabilidades. Essa pessoa quer curar o *efeito* sem buscar conhecer sua verdadeira *causa*. Ela pode conseguir fazer uma dieta, claro, ou até várias. Em algum momento, porém, o corpo dela vai se rebelar, e todo o peso perdido tornará a aparecer. As estatísticas mostram que 98% das pessoas que perdem peso com um regime o recuperam integralmente um ano depois, e às vezes ganham até mais do que perderam. O êxito, temporário, na verdade não passa de ilusão. Todo esforço foi inútil. (Aliás, recomendo que você evite dizer "perder peso", porque, inconscientemente, quem perde alguma coisa costuma querer reencontrá-la.)

Se for o seu caso, você certamente já se deu conta desse fenômeno. Toda vez que você emagrece e depois torna a engordar, ainda ganha alguns quilos extras. É a maneira de seu corpo se rebelar contra tudo o que você está fazendo com ele. Seu corpo é seu melhor amigo, então por que tratá-lo dessa forma? Em vez de agradecer quando ele tenta lhe enviar mensagens de que algo errado está acontecendo, você tenta mudá-lo. De tanto criticar seu corpo, você chega ao ponto de detestar sua própria imagem.

Em suma, submeter-se a qualquer tipo de regime é ir contra sua verdadeira natureza.

Nesse sentido, é bem mais sensato identificar a causa do seu excesso de peso para perceber mais claramente a mensagem que ele tenta lhe enviar. Dessa forma, seu corpo retornará aos poucos ao seu peso natural – o que não tem nada a ver com padrões estéticos nem necessariamente com parâmetros médicos. Você saberá que atingiu seu peso natural quando se sentir bem com seu corpo ou puder retomar as atividades que de precisou abrir mão devido à limitação física. Vale ressaltar que o período necessário para isso pode variar bastante. Num mesmo espaço de tempo, algumas pessoas podem emagrecer de cinco a quinze quilos, ao passo que dois quilos serão plenamente satisfatórios para outras.

Certamente levou alguns anos para seu corpo acumular dez quilos a mais. Então por que tentar eliminá-los em apenas um ou dois meses? Dê ao seu corpo o tempo necessário para se ajustar às mudanças interiores pelas quais você está passando. O resultado externo dependerá dessa transformação. Quando você altera sua maneira de pensar e abandona certas crenças nocivas que não lhe servem mais, todo o restante entra nos eixos naturalmente.

Da mesma forma, as causas variam de pessoa para pessoa. O excesso de peso pode vir do fato de você comer por hábito, para abafar uma emoção ou por gulodice, como vimos no capítulo anterior. Uma alimentação farta demais para as necessidades do seu corpo se transforma em gordura, especialmente se você sente culpa.

Por outro lado, há muitas pessoas que comem bem mais do que o seu corpo necessita sem que isso afete o seu peso. Ou seja, a superalimentação não é a única causa do sobrepeso. Devido a um metabolismo ultra-acelerado, essas pessoas conseguem queimar todas as calorias excedentes à medida que as ingerem. O corpo delas trabalha o tempo todo em ritmo vertiginoso, ativando constantemente o sistema digestivo. Contudo, o corpo desses indivíduos se desgasta e envelhece muito mais depressa.

Cada um recebe a mensagem apropriada para o seu caso. O corpo, esse nosso grande amigo, sempre dará um jeito de nos mandar seu recado se agirmos contra suas necessidades.

A solução mais imediata para eliminar o peso extra, se isso o incomoda, seria comer unicamente quando estivesse com fome, sempre ouvindo o seu corpo e se perguntando do que ele realmente precisa. Seria um bom começo, mesmo que você ainda não conheça as causas mais profundas relacionadas à sua autoimagem.

Uma dessas causas tem a ver com pensamentos de acumulação. Um indivíduo com muitos pensamentos de acumulação teme que lhe falte alguma coisa, por isso quer sempre possuir mais e mais. Há pessoas que, por medo de uma possível necessidade futura, compram incontáveis mantimentos para ter uma boa reserva, por exemplo.

Caso você acumule bens e dinheiro e isso lhe for benéfico, não receberá nenhuma mensagem do seu corpo. Agora, se todos esses bens e todo esse dinheiro forem acumulados por medo, isso pode prejudicar seriamente a sua evolução. E é essa a mensagem que seu Deus interior lhe envia através do seu corpo.

Pode ser que você tenha dificuldade de se abrir, de partilhar o que lhe acontece. Que motivo o leva a guardar tudo dentro de si e a falar somente de assuntos superficiais? Você tem medo de magoar alguém? De não ser aceito ou amado? De passar vergonha? De ser julgado? Você é aquela pessoa que ouve as confidências e problemas de todo mundo, mas não ousa revelar os seus? Acumulação demasiada significa que você recebe muito mais do que dá. De novo, o problema é a falta de equilíbrio. Como você recebe muito e dá pouco, seu corpo tende a fazer o mesmo, acumulando nele tanto quanto você acumula em si mesmo.

O excesso de peso muitas vezes denota falta de autoaceitação e de amor-próprio. Se for esse o seu caso, é possível que você seja uma pessoa que faz de tudo para ser amada. Criou o hábito de cuidar dos problemas de todo mundo, especialmente dos que lhe são próximos, mas ao custo de negligenciar suas próprias necessidades. Você acredita que ser indispensável para aqueles que você ama, ou para aqueles que precisam, é um sinal de amor. Acontece que o verdadeiro amor não pode e não deve vir dos outros. Ele só pode vir de dentro de nós – o amor dos outros é apenas o reflexo do amor que damos a nós mesmos.

Nessa busca pelo amor alheio você vai fazendo sempre mais e mais, muitas vezes sem que ninguém sequer tenha pedido. Assim, não é raro você se sentir explorado quando, na realidade, você é quem deixa os outros se aproveitarem. O amor que os outros lhe dedicam não vem do que você *faz* por eles, mas do que você *é*.

Sendo uma pessoa generosa por natureza, você precisa entender que, mesmo que se ausentasse um pouco ou se voltasse para suas próprias necessidades, os outros não o amariam menos por isso.

Se mantiver isso em mente, sua motivação se modificará aos poucos, e você sentirá diminuir o peso nas suas costas quando decidir ajudar outra pessoa. De fato, quanto mais alguém se julga responsável pela felicidade alheia, mais precisa ter ombros fortes para sustentar todo esse peso. Se você é assim, deve ter a impressão de estar carregando um peso grande demais nas costas. À medida que tomar consciência disso, seu corpo ficará mais leve e essa sensação de sobrecarga irá diminuir. Você já não se sentirá obrigado a ajudar alguém por medo de não ser amado. Você fará isso porque tem vontade, ou por generosidade, e não por duvidar do amor dos outros.

Em alguns casos, o sobrepeso também pode ser causado por frustrações, traumas e culpas na esfera sexual. Talvez tenham lhe inculcado diversos tabus sexuais ao longo da infância; talvez seus pais fossem muito rígidos ou considerassem o sexo algo sujo, errado, pecaminoso; talvez você tenha sofrido algum tipo de abuso. Dentro desse contexto, é comum que as pessoas apreciem e ao mesmo tempo rejeitem tudo que é sensual ou que desperta um prazer sensorial – seja o sexo em si, seja a comida. Assim, por considerar esses prazeres "errados", acabam desenvolvendo uma relação problemática com eles, pendendo tanto para o excesso e a compulsão quanto para a privação.

Essas pessoas tentam se controlar, mas, quando falham, vão gradativamente perdendo o controle e acabam cometendo excessos, sempre jurando a si mesmas que isso não vai se repetir. Só que, como vimos no capítulo sobre a culpa, quanto mais queremos parar com uma atitude por acharmos que é errada, mais ela se perpetua.

O excesso de peso também pode significar um cordão a ser rompido com uma figura materna ou paterna que criticava seu corpo. Esse cordão foi criado por uma raiva ou um rancor em relação a essa pessoa devido a uma dor vivida na infância ou na adolescência. Conheci uma mulher que começou a engordar desmedidamente assim que teve filhos. Um dia ela se deu conta de que se ressentia com a mãe, que tinha uma obesidade mórbida e não conseguia realizar nenhuma tarefa doméstica. Desde a adolescência, ela fora obrigada a limpar a casa, a cozinhar, além de não poder sair com os amigos por estar sobrecarregada de trabalho. Sua mãe só a deixava sair depois que concluísse todas as tarefas. Ela tinha tanta vergonha da mãe que não ousava convidar ninguém para ir à sua casa. Tinha tanto medo de se parecer com a mãe que foi exatamente isso que, inconscientemente, acabou fazendo. Para ela, o sobrepeso indicava a urgência de aceitar a si mesma e, principalmente, aceitar o fato de que sua mãe vivera o mesmo que ela.

Se você convive com excesso de peso desde que nasceu, talvez a causa esteja em algo que ficou mal resolvido numa vida anterior, e a obesidade vai ajudá-lo a resolver agora. A maior lição de vida que você pode ter nesse caso é aprender a aceitar seu corpo como ele é, sem críticas ou julgamentos. Com esse processo de aceitação, você vai aprender a se ver como uma pessoa linda que merece amar a si mesma e ser amada pelos outros.

Pense bem: quando você morrer, que diferença fará a forma ou o peso do seu corpo? O amor-próprio que você tiver desenvolvido agora é a única coisa que terá impacto no que acontecerá no mundo da alma e nas suas próximas vidas.

Algumas pessoas muito religiosas, ou ligadas ao mundo astral ou espiritual, e que guardam uma vaga lembrança das dimensões anteriores à vida na Terra, não se sentem pertencentes a este mundo. Elas se perguntam o tempo todo: *O que estou fazendo aqui? Este não é o meu lugar.* Não é que elas queiram morrer, mas sentem uma espécie de chamado vindo de um lugar que conheceram antes. Essas pessoas podem, então, desenvolver um sobrepeso para que permaneçam fisicamente ancoradas à Terra. A mensagem do Deus interior de cada uma delas é: *Aceite estar na Terra, de uma vez por todas. Você tem algo a cumprir neste mundo. Ainda tem muito a aprender, sobretudo amar a si mesmo e aos outros.* Se for esse o seu caso, sugiro que busque inspiração na beleza terrena, na natureza, por exemplo; ela tem riquezas de sobra, assim como você. Isso ajudará você a aprender a se amar e a amar aquilo que o cerca.

Qualquer que seja o significado ou a causa das suas questões relacionadas ao peso, saiba que seu Deus interior tem mil e uma maneiras de lhe falar através do seu corpo para que você tome consciência dos seus atos, pensamentos e palavras. Cabe a você captar suas mensagens e identificar a causa.

Olhe para o que está perturbando seu interior, em vez de tentar curar o efeito fazendo um regime qualquer. Agir somente sobre o efeito não resolverá a situação. É o que acontece, por exemplo, quando um indivíduo que está enfrentando sérios problemas decide sair para tomar um drinque, numa tentativa de espairecer, e termina bebendo até tarde da noite. Na manhã seguinte o problema obviamente continua ali, e parece inclusive um pouco maior do que no dia anterior.

Controlar o seu peso com uma dieta autoimposta sempre conduz ao mesmo resultado. Mesmo que você consiga camuflar temporariamente o efeito, a causa seguirá existindo, e ainda lhe trará uma constante insatisfação interior. Então por que não agir diretamente sobre a causa, sobre o que foi revelado pela mensagem que seu corpo manda?

Não se preocupe com o tempo que seu corpo vai levar para retornar ao peso natural. Siga seu próprio ritmo. O mais importante é você aprender a retomar o controle de sua vida para finalmente conhecer a felicidade.

EXERCÍCIOS

1. Antes de qualquer coisa, a primeira tarefa consiste em esquecer as palavras "regime" e "dieta", ou expressões como "sair da linha". Ninguém sai da linha em sua própria vida. Se você se sente assim, é porque está sempre de dieta e carregando muita culpa. Isso não é benéfico para você.

2. Quando você não escuta as necessidades do seu corpo, ou quando comete algum exagero, basta falar com ele do seguinte modo: "*Sinto muito pelo trabalho extra que estou lhe dando. Fiz isso inconscientemente. Ainda estou aprendendo a me amar. Obrigado por tudo o que você faz por mim.*" Desse modo você evita se sentir culpado.

3. Aceite seu corpo como é e se permita ser quem você é neste momento. *Você não tem que prestar contas a ninguém, exceto*

a si mesmo. Você é a única pessoa que pode administrar sua vida e, portanto, arcar com as consequências de suas decisões. Quanto mais as consequências se mostrarem difíceis ou penosas, mais você será capaz de tomar decisões diferentes.

4. Entre tantas causas possíveis da magreza excessiva ou do sobrepeso, veja quais parecem se aplicar a você.

5. Repita a seguinte afirmação o mais frequentemente possível:

Eu me aceito tal como sou neste momento.
Meu grande poder interior me ajuda a manter
meu corpo saudável. Obrigado, meu Deus,
por continuar me ajudando.

CAPÍTULO 18
SEXUALIDADE

É sempre delicado falar de sexualidade. Por incrível que pareça, pessoas que se dispõem a conversar abertamente sobre o tema ou se sentem à vontade nesse aspecto ainda são minoria hoje em dia. De geração em geração, são transmitidos diversos medos, tabus e culpas em relação ao sexo.

Para se ter uma ideia, não faz muito tempo que essa palavra, por si só, era considerada um pecado... Os confessionários existiam para nos fazer revelar nossos deslizes, mas pensamentos sobre sexo ou atos sexuais supostamente pecaminosos quase nunca eram mencionados. E, mesmo que os confessássemos, continuaríamos nos sentindo culpados, pois aquele que ouvia a confissão nos convencia de que aquilo era errado e não deveria se repetir. Lembra o que discutimos no capítulo sobre a culpa, que quanto mais queremos suprimir um comportamento ou uma atitude, mais eles se perpetuam? Somente a aceitação plena, vinda do coração, pode de fato trazer uma mudança definitiva.

Atualmente a prática da confissão já não é tão comum. As culpas sexuais, por outro lado, seguem se perpetuando através das gerações. Eu ainda me surpreendo ao ver jovens admitindo culpas sexuais, já que há tanta informação e tanto debate sobre a sexualidade. Seja por meio dos livros, do ensino escolar, da televisão ou da internet, e pela própria liberdade de costumes, tudo agora está facilmente acessível. Mas precisamos lembrar que *conhecimento* e *aceitação* são conceitos muito distintos: uma pessoa ter mais conhecimento sobre o tema não significa que aceita melhor a si mesma. Longe disso.

De onde vem a importância da sexualidade na vida do ser humano? Você já deve ter ouvido que tudo que há no plano visível existe igualmente no plano invisível. Tudo que se encontra em cima – no plano astral ou no mundo da alma – corresponde ao que está embaixo – no plano terrestre – e vice-versa.

Para o ser humano, o ato sexual é a expressão física da maior união possível, ou seja, a união da alma com o espírito, do corpo inferior com o corpo superior. É por isso que o ato sexual tem tamanha importância: o grande objetivo da alma é realizar essa união suprema com o espírito, a consciência universal, de modo a alcançar a felicidade completa.

É o que explica ainda haver tanta expectativa em relação ao sexo, o que quase sempre causa frustração. Desde a juventude, a maioria dos adultos – aqueles que são pais, inclusive – vem expressando frustrações e decepções sexuais. Por desconforto, ou para poupar os filhos dessa mesma frustração, esses pais tentam retardar o desenvolvimento sexual espontâneo dos filhos. E, ao chegarem à idade adulta, esses jovens agirão da mesma forma com seus próprios filhos. Reprimindo a si mesmos e a geração seguinte, tornam-se cada vez mais obcecados por sexo, sobretudo inconscientemente, e se sentem cada vez mais culpados quando ousam se soltar. O comportamento então passa a ter um caráter de excesso ou de privação: atividade sexual de mais ou de menos.

O ato sexual não deve ser um meio para criar proximidade ou compromisso com alguém. Um relacionamento pautado na sexualidade é desprovido de bases sólidas. Quanto mais um casal desenvolve uma amizade profunda e sincera antes de ter relações sexuais, mais fortes serão os pilares dessa relação.

Os problemas sexuais são tão numerosos quanto as doenças relacionadas aos órgãos genitais masculinos e femininos. As doenças venéreas, por exemplo, podem indicar vergonha em relação à sexualidade, ao passo que problemas menstruais sinalizam uma recusa de aceitação no plano da feminilidade.

O ser humano possui uma energia sexual muito potente. Entretanto, essa energia não é utilizada apenas para a atividade sexual. Ela é usada também para ativar os impulsos criativos.

De maneira geral, as pessoas das gerações anteriores eram menos criativas, a maioria vivendo segundo a rotina estabelecida pelos pais, pela religião ou pela sociedade, de modo que pouco utilizavam sua energia sexual, fosse para fazer sexo, fosse para criar conscientemente a vida que queriam. Por sorte hoje temos cada vez mais oportunidades de escolher nosso próprio caminho. Os jovens começam desde cedo a explorar sua criatividade, seja no seu tempo livre ou no trabalho; seja na tecnologia, no modo de se vestir, no corte de cabelo, etc.

Nos dias de hoje, ainda resta nos libertarmos de muitos tabus e culpas que estão profundamente arraigados em nossos genes. Vale lembrar que as mulheres, por muito tempo, não tiveram direito ao prazer sexual. Seu corpo só deveria ser usado para procriar. As que ousavam se permitir ter prazer sentiam-se constantemente culpadas. Os homens viviam inconscientemente a mesma culpa, pois contribuíam a contragosto para causar essa culpa na mulher.

Vê-se ainda hoje uma clara diferença entre a educação de meninos e meninas. A menina precisa ter "modos", enquanto o menino pode se expressar livremente. Há também mais tolerância com o garoto que se masturba do que com a menina. É devido a muitas dessas antigas proibições e sistemas de valores que as pessoas têm tantas questões sobre a sexualidade.

Inúmeros tabus continuam existindo em nível inconsciente, e é essencial nos libertarmos deles, uma vez que nos impedem de alcançar a tão almejada paz interior. O adulto carrega muitas crenças em relação ao sexo, acumuladas durante a infância e a adolescência. Se uma criança surpreende seus pais durante um ato sexual, por exemplo, e eles tentam disfarçar ou decidem puni-la por isso, é o suficiente para a criança concluir que há algo de "errado" ou "vergonhoso" acontecendo. Com isso, suas noções de "certo/errado" ficam distorcidas.

O complexo de Édipo é considerado normal nas crianças de 2 a 6 anos. Essa é a idade em que se desenvolve a energia sexual, e é por isso que o menino se apaixona pela mãe e a menina pelo pai – em todos os sentidos, inclusive o da atração física. O menino passa a ter inveja do pai. Uma parte sua admira esse homem, gostaria de ser como ele, enquanto paralelamente deseja ocupar o seu lugar. Ele então se vê dividido entre esses dois aspectos. Embora seja uma etapa natural na vida de toda criança, não se deve incentivar o complexo de Édipo deixando-a dormir com o responsável do sexo oposto, como muitas vezes ela mesma pede. Deve-se explicar aos pequenos delicadamente que eles têm seu próprio quarto, assim como os pais têm o deles.

A criança costuma beijar e acariciar o responsável do sexo oposto com frequência, podendo inclusive se ressentir quando o outro responsável dá demasiada atenção à "sua" mãe ou ao "seu" pai adorado. É desaconselhável incentivar essa atitude. Sem repreender a criança, é importante fazer com que ela compreenda que o papai e a mamãe são namorados e que ela, a criança, jamais poderá substituir o parceiro amoroso. Encorajo bastante os pais a conversarem com seus filhos sobre isso. Por outro lado, a atração que a criança sente pelo responsável do sexo oposto é temporária e absolutamente natural, já que sua sexualidade está se desenvolvendo. Mais do que desconfiar dessas manifestações espontâneas, convém ser aberto e transparente com as crianças. Mesmo porque elas entendem bem mais do que se imagina e são perfeitamente capazes, entre outras coisas, de respeitar melhor a mãe ou o pai quando eles se mostram verdadeiros, sinceros e transparentes.

O complexo de Édipo tende a ir se dissolvendo quando a criança completa 6 anos. Se sua educação for conduzida de forma natural, ela passará a respeitar melhor o responsável do sexo oposto, e o ciúme dará lugar à admiração pelo genitor do mesmo sexo. A criança se identificará mais com essa pessoa, a quem vai procurar amar e imitar, em vez de tentar afastá-la.

Vários problemas sexuais decorrem de um complexo de Édipo não resolvido, mesmo na idade adulta. Ainda que não queira admitir isso, a moça busca inconscientemente o pai, e o rapaz, a mãe. Mas é importante compreender que o amor paterno ou materno e o amor íntimo são duas coisas totalmente distintas.

Essa é uma das razões pelas quais sempre houve tantos casos de incesto. Confesso a você que sempre fico surpresa ao constatar, em workshops ou outras ocasiões, que cerca de um em cada cinco participantes viveu uma experiência incestuosa na infância ou na adolescência. Infelizmente, trata-se de um trauma bastante comum. E, apesar da dor que isso representa, hoje as pessoas estão mais dispostas a falar sobre o assunto.

De onde vêm as experiências incestuosas? Embora o fenômeno do incesto tenha sido objeto de muitos estudos em psicologia e psiquiatria, até o momento ninguém conseguiu definir com precisão suas verdadeiras causas. O complexo de Édipo não resolvido é uma delas.

Outro fator a ser considerado é a imaturidade sexual paterna. Cito esse exemplo porque a forma mais comum de incesto envolve pai e filha. Embora seja obviamente uma situação de abuso, emprega-se a palavra *incesto* quando o abuso sexual é praticado por alguém que tem um vínculo familiar próximo ou que desempenha o papel de pai ou mãe. O pai sexualmente imaturo pode vir de uma família em que o sexo era um tabu ou, ao contrário, de um ambiente em que existiam perversões sexuais.

Um pai assim, que sente que a filha tem muito amor e afeto por ele, vê esse amor como sensual e acaba praticando o incesto. Muitos deles se afundam no álcool ou nas drogas de modo a sufocar o sofrimento que isso gera. Para se sentirem menos culpados, podem dizer a si mesmos que aquilo não é tão grave, que vão parar, que a criança vai esquecer, que a culpa é da menina que os provoca, que é da esposa que não quer fazer sexo. Seja qual for a desculpa, isso não os torna menos infelizes, porque no fundo eles sabem que estão cometendo uma atrocidade. Paradoxalmente, o incestuoso é um homem que dá muita importância à vida familiar. Este, aliás, é um dos motivos por que ele satisfaz seus impulsos sexuais dentro de casa, e não fora.

Um dos pontos traumáticos para a filha, uma vez adulta, é a contradição que resulta disso. Quando mais nova, ela percebia que a situação vivida com o pai era contrária à ordem das coisas. Seu pai deveria ter sido o pilar que a ajudaria a se sentir confiantemente amada, com quem se sentiria segura e protegida. Só que ela acaba perdendo seus referenciais, porque o pai não age como um pai deveria agir.

Por outro lado, na infância, quando ela ainda não compreendia a violência que os atos paternos representavam, parte dela gostava da atenção especial que recebia. Em muitos casos, essa era a única forma de afeto que recebia do pai. Mais tarde, a menina passa a se sentir mal por ter gostado dessa forma de amor e a sentir culpa em relação à mãe. Por sua vez, a esposa de um pai incestuoso muitas vezes prefere não ver nada por medo de descobrir uma verdade inquietante. Por quê? Porque, em muitos dos casos, ela própria foi vítima de incesto e não consegue aceitar ou admitir para si mesma que se casou com um homem que apresenta o mesmo comportamento. Então é muito comum a menina acabar odiando a mãe por não ter feito nada para ajudá-la.

Isso, aliás, é confirmado por milhares de mulheres quando finalmente se sentem à vontade para contar suas experiências com toda a franqueza. Para isso é preciso soltar todo controle do ego.

E como resolver o trauma decorrente de um incesto? *A partir do perdão verdadeiro.* Não é nada fácil, é claro, mas quando você se mantém preso à raiva e ao trauma, corre o risco de prolongar a experiência. Se você for capaz de superá-la, sentirá um alívio imenso e terá dado um passo gigantesco em direção à evolução da sua alma. Você sempre tem escolha. Ou dá ouvidos ao seu ego e continua vivendo a mesma dor que provavelmente vem sentindo há muito tempo – sem contar os problemas que encontra em sua vida sexual atual – ou decide optar pelo perdão. Este, porém, não deve ser realizado *pelo outro,* mas para si mesmo, como uma prova de amor-próprio.

Sabe-se que em quase todos os casos, o agressor também foi abusado. Assim, o perdão entra nessa equação produzindo efeitos extraordinários para todos os envolvidos e quebrando um ciclo de abuso e sofrimento que provavelmente se arrasta há gerações.

O ato sexual somente deveria se realizar por amor. Amar uma pessoa é desejar se unir com ela, para melhor senti-la, para se comunicar e comungar com ela. O ato sexual não deveria jamais ser objeto de barganha.

Muitas vezes as mulheres fazem sexo sem vontade apenas para que o parceiro não se sinta rejeitado. E muitos homens não conseguem ser espontâneos no sexo com medo de decepcionar a parceira. Acontece que amor e sexualidade são duas coisas totalmente distintas.

Ao iniciar um novo relacionamento, seja claro em relação a esse assunto. E nunca tente usar o sexo como forma de prender alguém – o sexo não tem esse poder.

Agora, se seu relacionamento já data de vários anos, seria interessante vocês terem uma conversa profunda sobre suas expectativas e preferências. Isso os ajudará a partilhar um com o outro como se sentem em relação ao sexo e como se sentiam quando eram mais jovens. Para facilitar essa etapa, é importante aprender a se abrir sobre esse assunto. Você já se permitiu sentar com seu parceiro e revelar os detalhes da sua primeira relação sexual ou dos seus prazeres íntimos? Você se lembra do lugar, da circunstância, da pessoa com quem teve as primeiras experiências? Caso não guarde essa lembrança, pode ser sinal de algum bloqueio.

É importante, também, aceitar que o ato de amor sexual é um dos maiores prazeres existentes na Terra; é o símbolo material da união espiritual com Deus. Fazer amor não é apenas um gesto animal visando perpetuar a espécie ou experimentar um prazer físico. Quando o ato é concebido como mero prazer sensual, sem troca de sentimentos com o outro, somente seu corpo inferior, onde estão os chacras básicos, se encontra em ação; ao passo que fazer amor por amor permite que seu corpo superior, onde fica a sede das suas emoções, lhe propicie um grande deleite interior, inclusive depois do ato.

Também é de suma importância escolher bem o parceiro. A mulher recebe muito do homem durante o sexo, assim como o homem recebe muito da mulher. Não é só fisicamente que se recebe uma parte do outro; é também mental e emocionalmente. Nossos três corpos são indissociáveis. Daí ser fundamental conhecer aquele com quem você faz amor. Se essa pessoa sente muito rancor, ódio ou medo, é possível que isso influa sobre você. Homem e mulher recebem as vibrações um do outro através da união dos corpos sutis, dos corpos invisíveis.

Considerando que as pessoas vivem buscando no sexo uma compensação por alguma frustração, não é difícil deduzir que haja muita insatisfação sexual na Terra. Como já discutimos, a união sexual é um antegozo da união espiritual entre a alma e o espírito. Em contrapartida, conheço muitas pessoas – especialmente mulheres – que, tendo dado início a um trabalho pessoal e espiritual, decidiram deixar de lado tudo o que dizia respeito ao sexo, acreditando que a sexualidade não é algo espiritual. Quando essa decisão se baseia na noção de certo e errado, não traz nenhum benefício. Entretanto, quando parte de uma escolha consciente e atende a uma necessidade da alma, não provoca nenhuma consequência nociva.

Como descobrir o motivo que está por trás de uma decisão de abstinência? Observando-se em relação aos outros. Se você se declara uma pessoa espiritualizada e julga alguém que se permite fazer amor, sabemos que você tem uma sexualidade reprimida. Todo sinal de controle, em qualquer área, prediz um desequilíbrio futuro.

Convém lembrar que, quando morrermos e formos para o mundo da alma, a intensidade do amor que praticamos ao longo da vida é o que fará toda a diferença na nossa experiência, bem como nas nossas vidas futuras. A sexualidade é apenas um meio físico para comungar com nosso parceiro, para nos fundirmos com ele e para nos lembrarmos de quanto essa fusão nos traz alegria, felicidade e plenitude. E lembramos, assim, que toda essa alegria é só uma ínfima parte da verdadeira felicidade a ser vivida quando se der a fusão da alma com o espírito.

Se você é do tipo que critica a vida sexual alheia, lembre que cada pessoa tem algo a aprender com as próprias escolhas, e que não cabe a você interferir. Se você julga alguém duramente, observe como isso o afeta. Que tipo de acusação você está fazendo? É assim que você descobre o que ainda não aceitou em si mesmo, em sua maneira de ser. O que você tenta preservar ou esconder? É melhor encarar logo isso para não se tornar exatamente aquilo que você julga.

EXERCÍCIOS

1. Tire um tempo para fazer um exame de consciência e avaliar o mais detidamente possível a sua vida sexual desde que você se lembra.

2. A próxima vez que tiver uma relação sexual, anote como a viveu. Foi por amor? Por obrigação? Para o seu parceiro parar de insistir? Por medo de alguma coisa?

3. Se não estiver satisfeito com sua vida sexual, determine quais são suas necessidades e tome atitudes para atendê-las.

4. Se você sofreu algum tipo de abuso sexual ou incesto, releia o capítulo 6, sobre o perdão, para se motivar a curar sua dor o quanto antes.

5. Repita a seguinte afirmação o mais frequentemente possível:

> Eu sou uma manifestação de Deus na terra; logo, minha sexualidade também é uma manifestação divina. Por meio dela eu elevo minha alma.

CAPÍTULO 19
DOENÇAS E ACIDENTES

A maioria das pessoas pensa na doença como um revés ou uma provação, uma espécie de injustiça, principalmente se for hereditária ou tiver sido contraída de outra pessoa. Esse tipo de pensamento vai de encontro à grande lei da responsabilidade. Cada doença e cada acidente que ocorre na sua vida foi causado por você mesmo. *Ora, quem quer ficar doente de propósito?*, você deve estar questionando. Pois saiba que, muitas vezes, fazemos isso inconscientemente. Lembre-se do que já discutimos: o ser humano tem consciência de apenas 10% do que se passa dentro dele. A doença é tão somente um sinal do seu corpo. É uma mensagem da sua superconsciência, do seu Deus interior, alertando que algumas de suas ações, pensamentos e palavras estão contrariando a grande lei do amor. Quando digo que seu corpo é seu melhor amigo, é também sobre isso que estou falando. Seu corpo físico é o reflexo do que se passa dentro de você, tanto no plano psicológico (emocional e mental) quanto no plano espiritual. Assim, quando seu ego o impede de perceber que você não está vivendo com amor verdadeiro, e que isso vem acontecendo e prejudicando você há tempo demais, sua superconsciência acaba lhe enviando uma mensagem através do seu corpo.

De nada adianta você culpar a natureza ou ficar contrariado quando adoece; o que importa é captar a mensagem. Caso não entenda o recado, basta olhar profundamente para si mesmo. A resposta está ali. Procurar entender o recado de sua voz interior é um gesto de amor por si mesmo.

"Como é possível eu viver gripado?", "Não aguento mais ficar doente! Já chega!", "Estou com enxaqueca de novo!", "Minha dor nas costas não passa nunca!" Ao reclamar desse jeito você se recusa a aceitar sua responsabilidade. Se aceitar o fato de que a doença é um alerta, uma mensagem de amor, será levado a se fazer perguntas, e então sua superconsciência lhe responderá. Do contrário, as doenças e/ou os acidentes serão cada vez mais frequentes até que você consiga entender as mensagens que estão sendo enviadas. Quando você as compreende, fica mais fácil realizar ações para chegar a uma solução.

Eis uma comparação para ilustrar essa ideia: é de noite e seu vizinho bate à sua porta para avisar que você esqueceu o farol do carro ligado. Se você se negar a atender, esse vizinho retornará mais tarde, não para importuná-lo, mas porque simpatiza com você e quer ajudar. Se após várias tentativas você ainda se negar a atender à porta, seu vizinho vai desistir e você se verá com um problema mais sério para enfrentar: na manhã seguinte seu carro estará sem bateria.

Sua superconsciência age da mesma forma. Se você se esquivar da primeira mensagem ou não compreendê-la, ela vai enviar outra, depois outra, e mais outra, até que um dia aconteça algo incômodo ou brutal o bastante para chacoalhar você e fazê-lo reagir: um câncer ou um infarto, por exemplo. E se ainda assim você se negar a tomar uma atitude, acabará morrendo, como a bateria do seu carro.

Não seria melhor ficar mais atento, mais alerta às mensagens que recebe, inclusive àquelas supostamente menos importantes,

antes que se tornem intensas ou violentas demais? Ou antes que o preço a pagar fique muito alto? Se agradecer ao seu vizinho pelo aviso e lhe garantir que vai tomar providências, você provavelmente vai agir de imediato: vai lá fora desligar o farol. Se você disser que vai resolver mas não fizer nada, ele pode voltar para avisá-lo de novo: *Você entendeu o que eu disse mais cedo sobre o farol do seu carro estar ligado?* Seu Deus interior faz a mesma coisa. Com suas mensagens constantes, ele mostra a você como voltar aos trilhos, como resolver as situações que não lhe são benéficas à medida que se apresentam. Não é extraordinário ter dentro de si esse grande amigo que o orienta quando você toma o caminho errado? Esse amigo está inteiramente disponível para você, em cada momento da sua vida.

Qualquer distúrbio ou doença é uma mensagem por si só. Mas o problema não é apenas de natureza física. É o que atesta a metafísica – a capacidade de ver além do plano material –, e isso é algo que gosto de demonstrar com exemplos. É normal se sentir cético num primeiro momento, mas o que você tem a perder ao se permitir tirar suas próprias conclusões?

A gravidade de uma doença é proporcional à da mensagem que ela representa. Quando a doença persiste e se intensifica, é preciso enxergar claramente o problema e reagir. Se ela é agressiva, é porque vem acumulando força já faz muito tempo. Sua alma está gritando: *Socorro! Sua falta de amor-próprio está causando muito sofrimento na sua vida! Está mais do que na hora de você reconhecer isso e retornar ao caminho do amor.*

Eis alguns exemplos de possíveis causas de distúrbios e doenças. Eles indicam o que pode estar acontecendo dentro de você nos planos emocional e mental. Entretanto, a principal mensagem do seu Deus interior é que você precisa aceitar a si mesmo quando descobrir seus medos e crenças, sabendo que todo ser humano sente medos semelhantes aos seus. Uma vez cumprida essa aceitação com base no amor verdadeiro, será mais fácil mudar de atitude.

Sofrer de **artrite** significa que você tem a convicção de ser explorado pelos outros, além de carregar dentro de si muitas críticas, raramente verbalizadas. A artrite acomete pessoas que não sabem dizer "não" e têm dificuldade de expressar claramente suas demandas. A mensagem da artrite pode ser lida assim: *Pare de achar que todos se aproveitam de você... É você que se deixa explorar... Bata o pé e diga "não" quando surgir a oportunidade.* Aprenda a expressar suas necessidades em vez de esperar que os outros as adivinhem. Se quiser mesmo fazer um favor para alguém, faça sem expectativas, sem esperar nada em troca. Pare de criticar e de querer mudar os outros.

A dor no **joelho** significa que estamos sendo muito inflexíveis, muito obstinados em nosso modo de encarar o futuro. Costuma ser um sinal de que o orgulho ocupa espaço demais na nossa vida. Uma pessoa autoritária, que se recusa a mudar de opinião, costuma ter medo do ponto de vista alheio. Está agarrada demais às próprias ideias. Se você sofre de dor no joelho, está sendo alertado a ser mais flexível, a deixar de temer pelos outros caso eles não acatem seus conselhos ou não adotem suas crenças. Isso não significa que você deva se submeter, mas parar de querer controlar as decisões alheias. Há alguém na sua vida que você queria que encarasse o futuro da mesma forma que você? Seu corpo está lhe dizendo que essa atitude não lhe é benéfica e que você está indo na direção oposta à do amor ao se julgar responsável pela felicidade dos outros.

Problemas na **boca** também trazem uma mensagem. Um problema bucal indica que você tem dificuldade de engolir uma nova ideia para digeri-la e poder colocá-la em prática. Sua mente é muito fechada, e você se recusa a reconhecer uma mensagem na opinião dos outros ou numa ideia nova que acabou de ter. Seu corpo então lhe diz: *Pense com calma, não reaja tão bruscamente. Essa nova ideia pode se revelar muito útil para você.*

Se seus **dentes** lhe causam sérios problemas, está mais do que na hora de tomar uma decisão que o conduza a algo novo. Se você reluta em tomá-la, é porque receia o que pode acontecer. Deve haver atualmente na sua vida uma decisão que precisa ser tomada. Seu corpo então lhe diz: *Não tenha medo. Seja qual for sua escolha, ela virá de você. Saiba que você é capaz de levá-la adiante e assumir as consequências. A dúvida não ajuda em nada. Tudo é experiência e aprendizado. Vá e agarre as oportunidades com unhas e dentes!*

Se o problema acomete as **gengivas**, é porque sua decisão já está tomada, mas você receia colocá-la em prática. Seu corpo então lhe diz: *Não tenha medo. Você tomou uma decisão, agora aja de acordo com ela. Você tem todo o necessário dentro de si para realizar seus desejos.*

Se você tem a sensação de que lhe falta apoio na vida e isso o incomoda bastante, seu corpo vai avisá-lo por meio de uma dor nas **costas**. A coluna vertebral é o suporte do corpo. Então ela padece quando você deseja carregar o mundo nas costas e se sente responsável pela felicidade ou infelicidade dos outros. Esse fardo é tão pesado que você precisaria de um apoio extra para se sustentar, e por isso sofre por não receber a ajuda necessária. Só que, ao mesmo tempo, a pessoa que se queixa de falta de ajuda costuma ter dificuldade de receber essa ajuda por ser controladora demais. Quer que os outros a apoiem, mas sempre se incomoda quando lhe oferecem auxílio. Isso faz com que as pessoas próximas desanimem e percam a vontade de ajudar.

Sua superconsciência então lhe envia a seguinte mensagem: *Pare de achar que é responsável pela felicidade ou infelicidade dos outros. Se quiser apoiar alguém, apoie, mas por livre e espontânea* vontade, por amor, sem expectativas, e não por obrigação. *Se quiser que tudo saia do seu jeito, faça você mesmo e assuma as consequências. Você será seu próprio apoio.* A dor na parte superior das costas está ligada ao lado afetivo da sua vida, enquanto a parte inferior diz respeito ao suporte material e financeiro.

Uma *febre* repentina costuma ser sinal de uma raiva interior pronta para explodir. Representa inúmeros desejos reprimidos irrompendo ao mesmo tempo. Quando sua raiva está ligada a outra pessoa, geralmente é porque você tirou conclusões precipitadas sobre as verdadeiras intenções dela. Seu corpo então lhe diz: *Compartilhe o que você está sentindo à medida que as situações se apresentarem. Diga o que tem a dizer e seja claro. Pare de guardar tudo dentro de si. A raiva não lhe é benéfica. É a si mesmo que você está punindo.*

Problemas nos **braços** ocorrem quando você não tem consciência do seu próprio valor e de quão útil você está sendo. Ocorrem quando você acha que as pessoas não o apreciam ou que você tem menos valor do que elas. Nesse caso, seu corpo envia uma mensagem para você: *Veja como você tem sido útil. As pessoas precisam, sim, de você. Elas o apreciam bem mais do que você imagina.* A dor no braço também pode indicar que há uma situação benéfica surgindo na sua vida e que você não está ousando aproveitar. Ou pode ser que o modo como ocupa seus braços e mãos já não lhe satisfaça, ou seja, você preferiria estar fazendo outra coisa. É algo que acontece bastante no trabalho. Você está de fato exercendo a profissão que atende ao que almeja? Observe em que momento a dor aparece. Ela está tentando lhe dizer: *Vá, aja de acordo com seus desejos mais profundos. Tome consciência de que, neste momento, quem está no comando não é você, são seus medos.*

Você precisa de suas **pernas** para chegar aonde quer, para avançar. Um problema ou uma dor na perna reflete seu medo de seguir em frente, medo do futuro. Mas seu Deus interior está sempre aí para lhe dizer que você não tem com que se preocupar. Você é capaz de realizar seus desejos. Vá em frente; o futuro lhe reserva agradáveis surpresas. Você pode fazer acontecer tudo o que quiser, quando precisar. Se, por exemplo, você está pensando em mudar de emprego, mas teme por sua segurança financeira, sua dor na perna lhe indica que o momento é propício, que não há motivo para ter medo agora.

A *garganta* tem várias funções, entre elas engolir e falar. Se sua garganta dói quando você engole, pergunte a si mesmo se está tendo dificuldade em "engolir" a conversa ou o comportamento de alguém, ou em aceitar uma situação qualquer. O que não está lhe descendo bem? Pode ser uma simples emoção que se transformou numa dor tão imensa que custa a passar pela garganta. Ou pode ser que você não consiga aceitar uma situação que você mesmo criou. Isso acaba lhe provocando agressividade e raiva, de si mesmo ou de outra pessoa. Se você sente que tem algo preso na garganta, talvez seja porque está assumindo uma atitude de vítima, uma atitude de "Mas a culpa não é minha".

No caso de uma *laringite*, a mensagem é de que está na hora de você ter uma conversa com alguém, mas seu medo o impede. É provável que você esteja com raiva devido a palavras que o magoaram. Sua dor ou espanto foi tão grande que na hora você não soube o que responder... e acabou reprimindo tudo. Ou pode ser que você nem tenha consciência de ter se ferido com aquelas palavras. As pessoas muitas vezes preferem acreditar que não se incomodam, que não são afetadas. Se for esse o seu caso, você acha que agir assim é mais seguro, mas seu íntimo – sua alma – sabe que não é. E por isso sua atitude se transforma em dor de garganta.

O que se deve fazer nesse caso é ir conversar com a pessoa em questão e dizer a ela o que você sentiu ao ouvir suas palavras. Para isso, consulte o capítulo sobre emoções. A dor de garganta também pode vir do medo de expor sua opinião para alguma figura de autoridade. Para evitar a reação dessa pessoa, você prefere calar o que de fato pensa. Não se deixe intimidar e não hesite em expressar seu ponto de vista. Seu interlocutor ficará encantado com seu interesse e, principalmente, com sua franqueza.

A pessoa que **tosse** com muita frequência costuma se sentir sufocada pela vida. Ela experimenta um grande nervosismo ou se sente oprimida por alguma situação. Já uma tosse temporária ou ocasional indica aborrecimento ou crítica. A tosse surge no exato momento em que a pessoa se aborrece com algo e critica intimamente a si mesma ou ao outro. Seu corpo tenta lhe avisar: *Você não precisa se criticar nem se aborrecer. Em vez disso, procure entender a mensagem que está recebendo, ou simplesmente aceitar o que acabou de acontecer.*

É no **intestino** que os alimentos são absorvidos e transformados em nutrientes. O fluxo de ideias obedece ao mesmo processo. Quando alguém sofre de **prisão de ventre**, é porque se apega demais às suas antigas convicções. Nega-se a abrir espaço para ideias novas que poderiam ajudá-lo em sua vida presente. Esse desconforto também pode ser sinal de avareza, ou de que a pessoa se afeiçoa muito às suas coisas, aos seus bens materiais, por exemplo. Com essa constipação, seu corpo diz que está mais do que na hora de abandonar as coisas do passado que já não têm serventia e praticar o desapego.

Ter **diarreia** significa o exato oposto. É deixar as ideias passarem depressa demais; é negar-se a aceitar as ideias novas que chegam. É ter medo do que vem a seguir. É querer que tudo ande mais rápido. É querer que tudo já esteja feito, vivido, digerido. A diarreia costuma indicar rejeição a si mesmo ou medo de ser rejeitado pelos outros. O corpo então envia a mensagem de que é inútil ter medo. Seus medos, que são fruto da sua imaginação, não lhe são benéficos. Apenas são saudáveis os medos que nos ajudam a enfrentar um perigo real (veja o capítulo sobre medo).

Problemas nos *rins* e na *região lombar* afetam pessoas críticas, que se frustram ou se decepcionam com frequência. Acham que nada dá certo para elas, e na maior parte do tempo têm pena de si mesmas. Um rim doente, portanto, indica que a pessoa não se sente à altura, sente-se até impotente, para lidar com algo ou alguém. Com frequência se sente injustiçada diante de situações que lhe pareçam difíceis.

Ou também pode ser uma pessoa que se deixa influenciar demais pelo ponto de vista dos outros e, querendo muito ajudar, negligencia a si mesma. Em suma, não sabe distinguir o que é bom ou não para ela. Melhor seria ver as coisas e as pessoas como elas são, sem criar um ideal imaginário. À medida que alimentar menos expectativas, seu sentimento de injustiça tenderá a diminuir.

Dores nas *mamas* têm a ver com a insegurança quanto à alimentação ou à proteção daqueles de quem cuidamos maternalmente. Ocorrem quando nos preocupamos demais com quem amamos em detrimento das nossas próprias necessidades. Uma pessoa assim costuma ser muito rigorosa e controladora no seu modo de cuidar, seja homem ou mulher. Se for esse o seu caso, você tem um forte senso de dever e exige demais de si mesmo. Precisa aprender a desapegar de quem você ama. Não é porque as pessoas estão ficando independentes que estão sendo arrancadas do seu peito. Seu amor pode continuar intacto sem que você precise ficar de guarda o tempo todo.

Um problema nos *olhos* indica que você se incomoda com o que vê à sua volta. Você só enxerga a superfície da situação, o que está à mostra, e não seu sentido mais profundo. Se esse incômodo é consigo mesmo ou com o seu ambiente, tome uma atitude para solucioná-lo.

O mesmo acontece com os **ouvidos**, quando você se incomoda com aquilo que ouve; ou com o **nariz**, quando se irrita profundamente só de sentir o cheiro de algo ou alguém. Nesses casos, seu corpo está lhe mostrando que você não está bem, que não está vivendo com amor e aceitação.

Um **acidente** significa que você se sente culpado. Vamos supor que você esteja executando um trabalho manual. De repente, você pensa: *Ah, não! Esqueci de ligar para o meu amigo. E era tão importante que eu até prometi que ligaria. Como sou idiota!* É só se recriminar assim, que um acidente acontece. Você machuca o dedo ou a mão que normalmente usa para telefonar. A parte do corpo afetada é sempre a que tem relação com a culpa. O ser humano tem esse reflexo de achar que deve se livrar da culpa com a punição! O acidente então é um aviso para que você tome consciência de que é inútil se sentir culpado. Você passa a vida se recriminando por uma série de coisas, sendo que não tem culpa nenhuma. Você sabe perfeitamente que não se esqueceu de telefonar de propósito. Jamais teve a intenção de magoar seu amigo.

Tudo isso é apenas uma pequena amostra de como funciona a metafísica. Quando for acometido por algum distúrbio ou doença, você só terá a ganhar se, além de cuidar da patologia em si, também buscar a causa que está além do plano físico.

Quero destacar quão importante é você **se aceitar independentemente do que descobrir sobre si mesmo; não se recriminar por ter cultivado crenças e medos que o prejudicaram** não só no plano psicológico, mas também no seu corpo físico. Apenas se alegre com suas descobertas e com o fato de, a partir de agora, você poder remediar o que está errado. Quanto mais consciente você se tornar, mais se aceitará. E quanto mais desconstruir as crenças que lhe fazem mal, mais depressa o seu corpo vai se recuperar.

Em linhas gerais, é você quem provoca tudo o que acontece no seu corpo. A boa notícia é que você também tem o poder de provocar aquilo que lhe faz bem, não só o que é indesejável. Somente a aceitação dos seus medos poderá conduzi-lo ao que você deseja. Conhecer a causa psicológica de um problema de saúde não basta para curá-lo – isso é algo que apenas o amor e a aceitação podem fazer.

Caso você não consiga perceber a relação entre seu problema físico e sua maneira de pensar e sentir, é melhor não se forçar a fazer isso. O importante é estar com o espírito aberto e disposto a evoluir. Dê-se o tempo necessário para ouvir seu coração, em vez do seu ego. Lembre-se de que o ego não quer que você encontre a causa do problema, porque ele acha que está com a razão e, ao mesmo tempo, teme perder influência sobre você. É ele que o faz resistir. Enquanto isso, agradeça ao seu corpo por querer ajudá-lo a descobrir uma crença que lhe faz mal, e garanta a ele que você está disposto a ouvir sua mensagem e a ouvirá assim que possível.

EXERCÍCIOS

1. Reserve um tempo para listar todos os seus males físicos.

2. Verifique se consegue compreender e aceitar a mensagem de pelo menos um deles.

3. Em seguida, agradeça a seu Deus interior pelas mensagens que ele lhe envia por meio do seu corpo, reconhecendo o fato de que ele quer verdadeiramente ajudá-lo.

4. Repita a seguinte afirmação o mais frequentemente possível:

Confio cada vez mais no meu corpo, meu grande guia. Ele recebe meu amor e não precisa mais se rebelar. Com isso, ele me ajuda a recuperar a paz, a saúde, o amor e a harmonia.

CAPÍTULO 20
AS NECESSIDADES DO CORPO FÍSICO

As necessidades fundamentais do corpo físico encerram a parte "material" deste livro. Você provavelmente já as conhece muito bem, mas permita-me relembrá-las, porque não escutar as próprias necessidades é ir contra as leis físicas naturais e, quando isso acontece, nosso corpo pode se rebelar por meio de um distúrbio, uma doença ou um acidente.

Por ordem de importância, eis a primeira necessidade: respiração.
Se você parar de respirar, já sabe o que vai lhe acontecer em alguns minutos: colapso e morte. O corpo físico precisa de ar, não há dúvidas quanto a isso. O ar contém muitos elementos nutritivos de que o corpo necessita. Ao respirar corretamente você busca a vida que existe nele, a qual chamamos de PRANA. O prana foi concebido para alimentar tudo que vive no planeta, inclusive o seu corpo físico. Devemos ter consciência disso enquanto respiramos.

Uma boa maneira de respirar consiste em inspirar profundamente sentindo as costelas se expandirem, depois reter o ar e por fim expirá-lo, levando a mesma quantidade de segundos em cada etapa. Por exemplo: se você inspirar por três segundos, retenha o ar por três segundos e o expire por mais três.

No início você terá que prestar atenção nesse processo, já que não somos ensinados a respirar corretamente. Aos poucos, porém, isso se tornará natural. É importante, além disso, respirar um ar puro o máximo possível. Se você passa o dia inteiro trabalhando num ambiente com ar condicionado ou em pleno centro da cidade, onde o ar está poluído, procure equilibrar isso passando um tempo ao ar livre, seja caminhando na praia, descansando num parque ou fazendo qualquer coisa em algum ambiente com ar fresco. O ar das montanhas é considerado o mais revigorante de todos. Se quiser relaxar, você deve expirar lentamente, levando o dobro do tempo que levou para inspirar. Se quiser se manter desperto, deve fazer o contrário: expirar duas vezes mais rápido.

Quando estiver conduzindo sua respiração conscientemente, seria benéfico também afirmar em pensamento: *Eu aspiro a energia da vida para dentro de mim.* Cada respiração profunda provocará mudanças no seu estado de ser. Faça um teste e observe os benefícios que isso lhe traz.

Só que não basta aspirar o ar para atender às necessidades físicas – também é preciso aspirar a vida. Se você se sente sufocado por certas situações ou dificuldades, se tem problemas pulmonares e respiratórios, é porque não está aspirando a vida, que constitui uma grande e indispensável necessidade física.

Como discutimos nos capítulos sobre necessidades emocionais e mentais, quando uma necessidade em um dos três corpos não é preenchida, isso gera automaticamente perturbação e desordem nos outros dois. Uma insuficiência de ar puro ou de respiração profunda afeta diretamente a criatividade e a beleza no plano emocional, bem como a individualidade e a verdade no plano mental, sem contar os problemas físicos que acarreta. Retorne a esses capítulos, se necessário.

Segunda necessidade: **ingestão**.

Ingestão significa introduzir água e alimento em seu corpo. A carência de água leva à morte, assim como a deficiência de nutrientes. Não preciso nem dizer que a água é uma grande necessidade física, mas que tipo de água você fornece ao seu corpo?

A quantidade de água é tão importante para o seu corpo quanto a qualidade. O corpo humano precisa, em média, de 2 litros de água por dia. Esses 2 litros não incluem o líquido contido em sopas e outras bebidas. Esteja bem ciente da diferença entre água e líquido. Os dois litros devem provir de água pura, ou seja, do H_2O necessário para irrigar as células do corpo.

Quanto aos alimentos, a qualidade e a quantidade ingeridas também fazem toda a diferença. Trate-se com mais amor e escolha bem a qualidade dos produtos que serão absorvidos pelo seu corpo. A natureza oferece uma maravilhosa variedade de verduras, frutas, legumes e diferentes fontes de proteína.

Tomemos o exemplo dos produtos de origem animal. Você sabe como é a produção da carne que você consome? Sabe se ela provém de um animal bem tratado, ou se ele foi criado num desses enormes campos de concentração? Um animal – desde a galinha até os de maior porte – que não foi criado naturalmente, que foi maltratado e mal alimentado, viveu sua vida inteira com medo. Os animais que comemos são de sangue quente, o que significa que têm emoções. Isso libera muita adrenalina em seus corpos, o que se torna um veneno para quem os consome, pois junto com a carne ingerimos medo, raiva, agressividade, etc.

Assim, antes de ingerir qualquer alimento, pare um pouco e escute verdadeiramente as necessidades do seu corpo. Não digo que você deva mudar sua alimentação por completo, virar vegetariano da noite para o dia ou triplicar a quantidade de água que bebe. Minha intenção é apenas ajudá-lo a ser mais consciente e, sobretudo, mais atento. Vá aos poucos. Experimente por si mesmo;

essa é a melhor maneira de descobrir o que lhe faz bem e o que atende às suas necessidades.

À medida que for purificando seu ser interior, que for aprendendo a se amar e a cuidar melhor de si, você vai perceber que seus gostos vão começar a mudar. Você deixará gradativamente de comer alimentos que não lhe são benéficos. Escute o seu corpo com bastante atenção. Leve o tempo que for preciso e não tenha medo de se questionar se a resposta que vier lhe parecer vaga. Quando sentir um súbito desejo de comer determinado alimento, pergunte a si mesmo se essa vontade é uma necessidade real ou se provém de alguma influência externa. Se o desejo de comer ainda estiver presente mesmo depois dessa reflexão, então vá em frente, escute essa necessidade!

As diferentes ideias que digerimos podem afetar nosso corpo da mesma maneira que o alimento e a água. Se você tem dificuldade de aceitar novas ideias, suas ou dos outros, que possam ser boas para a sua vida, então corre o risco de desenvolver alguns problemas bucais.

Por exemplo, veja o que aconteceu comigo. Eu estava em reunião com minha equipe administrativa e tínhamos algumas decisões a tomar. Alguém apresentou uma ideia e pensei imediatamente: *Que disparate! Não faz sentido algum! Mas não tem problema, porque no fim das contas quem decide sou eu!* Eu não queria aceitar aquela ideia de jeito nenhum. Quase na mesma hora senti uma pequena afta na boca. Minha reação foi instantânea: *Opa, minha boca está doendo.* Minutos depois a leve ulceração já tinha crescido. Compreendi que a ideia que eu me negava a acolher talvez me fosse benéfica e merecia ser considerada com atenção.

Quando estamos continuamente atentos à arte da escuta, reparamos em todos os sinais. É extraordinário. O grande amigo dentro de mim estava me alertando a não deixar passar uma ideia como aquela. Eu então refleti sobre ela, com a mente mais aberta, e percebi que ela apontava para diversas possibilidades. Ao fim de meia hora, a afta tinha sumido. Seu corpo fala. Esteja atento aos primeiros sinais e saberá se restabelecer e voltar mais rapidamente ao equilíbrio.

A falta de uma ingestão adequada às necessidades do seu corpo não traz apenas problemas físicos, mas também impacta diretamente sua relação com os outros e sua carência de afeto e respeito.

Terceira necessidade: **digestão** e **absorção**.

Mastigar favorece a digestão. É recomendável mastigar bem os alimentos até eles perderem o sabor e se tornarem pastosos, de modo a reduzir o esforço do estômago e digeri-los com mais facilidade. Essa etapa da mastigação é particularmente apreciada pelo seu corpo.

A saliva contém enzimas que ajudam a digerir os alimentos (especialmente os carboidratos). Sempre que você engole sem mastigar devidamente, mesmo que se trate de massas ou outros alimentos macios, você torna sua digestão mais difícil. É importante mastigar e misturar bem a comida com a saliva pelo maior tempo possível antes de engolir.

Para absorver bem os alimentos, o corpo precisa de um tempo entre cada refeição. Quanto mais alimentos pesados você comer – proteínas animais ou gorduras, por exemplo –, mais horas a digestão vai levar para ser finalizada. A absorção de nutrientes é feita pelo intestino delgado, que seleciona tudo aquilo de que seu corpo precisa. Ele então garante que esses nutrientes cheguem a todas as partes do seu corpo – demais órgãos, cabelo, pele, etc. –, enquanto transfere para o intestino grosso aquilo que não tem serventia. Se houver nova ingestão de alimentos antes que esse processo esteja concluído, isso afetará a absorção de elementos essenciais. Por isso é tão importante comer devagar (principalmente quando se está realmente com fome) e saber parar assim que o corpo estiver saciado.

Você digere e assimila novas ideias da mesma forma. Num primeiro momento, você talvez acolha uma ideia, sua ou de outra pessoa. Mas depois resolve refutá-la, criticando-a, porque essa ideia desperta algum medo dentro de você. Recusando-se a digerir o que é novo por causa de um medo, você corre o risco de provocar uma indigestão. Seu corpo lhe dá um sinal de que a rejeição dessa ideia não lhe é benéfica, pois não responde às suas necessidades. Isso provoca então distúrbios no sistema digestivo, isto é, no estômago, no fígado e no pâncreas.

O fígado é o centro da raiva reprimida. Ficar com raiva sem reconhecer e aceitar a própria responsabilidade é ir de encontro à grande lei do amor. Você deve compreender e aceitar que as pessoas são o mais perfeitas possível a cada momento. Cada palavra que dizem e cada gesto que fazem expressa o modo como elas amam a si mesmas e aos outros. Se elas não se amam e acumulam muitos medos, isso se reflete em suas palavras. À medida que reconhecer a intenção e as limitações dos outros, além das suas próprias, você deixará de sentir tanta raiva. Com isso, seus problemas digestivos tenderão a desaparecer gradualmente, e haverá uma melhora sensível na sua maneira de digerir novas ideias.

Além de provocarem problemas no sistema digestivo, a má digestão e a absorção inadequada afetam diretamente a sensação de pertencimento e a necessidade de orientação na sua vida.

Quarta necessidade: excreção.
Uma boa mastigação, uma digestão adequada e uma quantidade suficiente de água são fundamentais para fazer o corpo excretar resíduos alimentares que não têm serventia. Nesse processo as fibras também cumprem um papel importante. Como não são digeridas pelo corpo, elas ajudam a "varrer" o intestino. Para

uma boa excreção, precisamos estar particularmente atentos aos sinais do corpo. Muitas pessoas tentam controlar o próprio intestino! Estão sempre com muita pressa ou exigem que o corpo espere até elas estarem num lugar onde se sintam à vontade. Com isso acabam se esquecendo de evacuar ou deixam para depois. Se você se identificou com essa descrição, provavelmente sofre de prisão de ventre. O corpo quer eliminar resíduos sempre que recebe alimento. É como se você lhe avisasse que ele precisa abrir espaço para a próxima refeição – daí a importância de comer quando se tem fome e parar quando está saciado.

Problemas de excreção, como todos os outros distúrbios, são um reflexo do que acontece além do plano físico. Assim, quem tem constipação intestinal está recebendo a mensagem de que tem dificuldade tanto em eliminar resíduos acumulados quanto em abandonar ideias e crenças que já não são necessárias.

Uma excreção deficiente também indica que, nos planos emocional e mental, você tem dificuldade de se entregar e se abrir para o novo, de ousar desejar o que necessita neste momento. Isso acaba se refletindo no seu corpo físico, como já discutimos anteriormente.

Esse desconforto todo é uma mensagem do seu corpo, que lhe diz: *Você não precisa ter receio de perder nada. O que você possui agora poderá ser obtido de novo a qualquer momento. Desapegue, abra-se para o novo. Ouse dar sem expectativas, e receberá em troca.*

Quinta necessidade: **exploração** e **regeneração**.

Explorar o ambiente é uma necessidade primordial do ser humano. Neste contexto, entendemos "explorar" como "mover--se". Quem não se move não cria, não usa seus sentidos para avançar, adoece e se debilita cada vez mais. Se você já precisou ficar algumas semanas de cama, com certeza há de concordar com essas palavras. Todos temos necessidade de nos manter ativos e devemos utilizar essa grande energia que nos habita. É por isso que a prática regular de atividade física é altamente recomendável.

O exercício físico ideal é a caminhada. Eis alguns de seus muitos benefícios:

1. É a forma mais simples e suave de exercício, além de ser gratuita.
2. Restabelece o equilíbrio do corpo.
3. Não é apenas um exercício físico, mas também uma atividade de lazer e relaxamento.
4. Trabalha a musculatura das pernas, do abdômen e do tórax.
5. Oxigena e exercita o coração.
6. As vibrações produzidas a cada passo massageiam o fígado, o pâncreas, o baço e os intestinos, o que favorece a digestão.
7. Acelera o metabolismo e ativa a circulação.
8. É indispensável ao bom funcionamento das articulações.
9. É praticada sem dificuldade e pode ser interrompida ao menor sinal de fadiga.
10. Combate o embotamento do corpo e do espírito.
11. Melhora as defesas naturais do organismo e retarda seu envelhecimento.
12. Ajuda a manter a forma e reduz os riscos de infarto e arteriosclerose.
13. Seus movimentos automáticos e equilibrados deixam a mente livre.

Independentemente da atividade física que você escolher, sua frequência deve ser de, no mínimo, três a quatro vezes por semana, ou segundo as necessidades do seu corpo.

Você também pode regenerar seu corpo repousando quando estiver cansado. Porém é preciso saber distinguir entre "estar cansado" e "estar com sono". Se você é muito perfeccionista, deve ter tendência a não descansar antes de cumprir todas as suas tarefas. Isso não é uma boa ideia, uma vez que na cabeça de um perfeccionista a lista de afazeres nunca termina. A seu ver, quando o período de descanso será bem-vindo?

Paralelamente, para que o sono possa regenerar o corpo, ele precisa ser reparador. Nesse sentido, é bom estar com pensamentos leves e produtivos ao ir se deitar, pois o inconsciente segue repetindo durante o sono os últimos pensamentos e sentimentos que você teve antes de adormecer. Ou seja, se você for deitar com pensamentos negativos, seu sono será agitado, e você se sentirá cansado – e não tão revigorado – ao acordar.

Além de problemas físicos, as consequências da falta de movimento e de regeneração do seu corpo físico afetam diretamente as suas necessidades nos planos mental e emocional. Essas necessidades são a autoconfiança e a capacidade de ter objetivos, de se sentir seguro e de cultivar um propósito.

Se suas ações, pensamentos e palavras o impedirem de avançar na vida, surgirão problemas na parte inferior do corpo, desde a região lombar até os dedos dos pés, e também nos braços e nas mãos. Um desconforto nos quadris significa que algo não está sendo satisfeito em sua necessidade de exploração. Seu corpo sinaliza que você está com medo de levar em frente decisões importantes. Sabe o que deve ser feito, mas um medo interior o impede de agir. No entanto, saiba que você não tem nada a temer, pois seu Deus interior, com todo o seu poder, está sempre presente para ajudá-lo a tomar a decisão correta.

Se tiver uma dor persistente nas pernas, é porque o amanhã o assusta. Você decerto está tendo que enfrentar uma mudança passível de alterar os rumos do seu futuro, como na área profissional, por exemplo. É provável que essa nova perspectiva que se apresenta seja a fonte da sua dor. Nesse sentido, você certamente reluta em avançar.

Pernas e pés encerram o mesmo significado, e os dedos dos pés dizem respeito aos pequenos detalhes quanto ao futuro. Você precisa se conscientizar de que as preocupações que cultiva são prejudiciais. Uma dor no braço indica que você não está abraçando suas experiências com amor e alegria. O que você quer de verdade? O que realmente gostaria de fazer? Está na hora de atender às suas necessidades. Uma dor no cotovelo, por exemplo, diz que você não é flexível o bastante para aceitar uma nova experiência. Diz também que você não precisa ter medo de ficar estagnado, que tudo vai se ajeitar aos poucos.

Todo desconforto sinaliza que seus pensamentos e seu modo de agir estão indo de encontro às suas necessidades e ao amor por si mesmo.
Percebe quão extraordinário e maravilhoso é o seu corpo? Como não existe bem ou mal, não há por que se preocupar. Seu Deus interior lhe dará prontamente um sinal se o que você estiver fazendo, dizendo, pensando ou sentindo não lhe for benéfico. Sua única responsabilidade é se manter alerta e realizar as ações que atendam às suas necessidades. Fique atento aos seus desconfortos, às suas doenças, à sua falta de energia, aos seus pensamentos, às suas emoções e à sua alimentação. Assim que perceber um sinal, entenda que é seu corpo lhe avisando que você está no rumo errado. Seu Deus interior, que só quer vê-lo feliz, então o chama de volta para o caminho certo, o caminho do amor! Ele sabe que assim você terá mais paz, felicidade e saúde.

Talvez você já tenha ouvido falar desse conceito sobre as nossas necessidades físicas. Talvez tenha até pensado ao ler este capítulo: *Todo mundo sabe do que o corpo precisa!* isso é verdade, mas então eu lhe pergunto: o que você tem feito com essa informação?

Muitas pessoas acumulam diplomas, estudam, leem tudo sobre o assunto, mas continuam sempre infelizes e insatisfeitas. Por quê? Porque não põem nada em prática. Conhecer tudo não muda absolutamente nada na vida. É através da prática que se transforma o **conhecimento** em **sabedoria**. Você agora só precisa ficar mais alerta e consciente a fim de passar para a ação.

EXERCÍCIOS

1. Antes de iniciar o próximo capítulo, liste as cinco necessidades fundamentais do corpo físico.

2. Ao lado de cada uma delas, se for o caso, anote os sinais que seu corpo tem dado para demonstrar que elas não estão sendo atendidas.

3. A seguir, tome pelo menos uma decisão para cada uma dessas necessidades não atendidas.

4. Observe com atenção o que acontece durante pelo menos três dias seguintes, enquanto põe em prática as decisões tomadas.

5. Repita a seguinte afirmação o mais frequentemente possível:

> A partir de agora, decido respeitar as necessidades do meu corpo físico, recuperando minha saúde física e minha energia natural.

PARTE V
ESPIRITUALIDADE

CAPÍTULO 21
ESPIRITUALIDADE E MEDITAÇÃO

O que significa, exatamente, "ser espiritual"? Eis a minha definição favorita: um ser espiritual é alguém que observa e aceita que tudo que vive é uma expressão de Deus, e que o que ele vê nos outros sempre corresponde a uma parte de si mesmo. Esse modo de ver a vida não é bom nem ruim: é apenas um benefício concedido a quem se tornou mais consciente, um meio extraordinário de aprender a se conhecer melhor e detectar tudo que aceita ou não aceita ver em si próprio. Um ser espiritual abraça os acontecimentos tais como se apresentam, mesmo que vez ou outra se mostre contrariado; aceita-se como é em sua maneira de ser. Como resultado disso, todo um mundo de amor e consciência se abre para ele.

Tudo que foi escrito desde o início deste livro tem o objetivo de ensinar você a ver, ouvir e sentir Deus em toda parte. Na realidade, Deus é uma energia criativa que se experimenta através de tudo que vive neste planeta e em bilhões de outros planetas em todo o cosmos. Imagine que maravilhoso seria viver se todos os seres da Terra percebessem que toda vida é uma expressão de Deus!

Quando criticamos ou julgamos outra pessoa, é como se estivéssemos afirmando: *Eu sou Deus e você não é*. Só que a verdadeira espiritualidade se expressa assim: *Eu sou Deus, como qualquer outro ser humano. Somos todos expressões de Deus.* Na realidade, estamos experimentando o tempo todo, até o dia em que escolheremos usar nossa energia divina para manifestar aquilo que queremos, ao invés do que não queremos.

Para entender melhor esse princípio, pense na nona sinfonia de Beethoven. Ela expressa com perfeição o pensamento do músico. Mas se um jovem pianista ou principiante comete alguns erros ao interpretar a obra, isso altera a perfeição da sinfonia? Não. O aprendiz faz o seu melhor usando o conhecimento que tem e é o mais perfeito possível no momento em que a executa. Ele vai se aprimorar com a prática e, com o tempo, poderá expressar a sinfonia com uma perfeição diferente. É exatamente isso que acontece com todos nós. Aprendemos a expressar nosso Deus interior, que é perfeito a cada momento, e fazemos isso à nossa maneira, no nosso tempo e no nosso ritmo.

Também podemos comparar a jornada pessoal de cada ser humano a um grande quebra-cabeça. Imagine que, ao nascer, todos recebemos um quebra-cabeça idêntico para resolver. Acontece que, sendo cada pessoa diferente da outra, cada uma procede à sua maneira: montando mais depressa ou mais devagar, começando por um lado específico, fazendo o contorno primeiro, concentrando-se nas cores do centro... É assim que agimos: estamos todos construindo um quebra-cabeça similar, mas cada qual completa o seu segundo sua própria interpretação.

À medida que você aprender a ver Deus em si mesmo e em tudo o que vive ao seu redor, nos seres humanos, nos animais e na natureza, uma mudança significativa ocorrerá em sua vida. Você terá a impressão de estar perpetuamente rodeado de luz.

Ninguém tem o direito de julgar ou criticar quem quer que seja, uma vez que todos estamos aqui para aprender coisas diferentes, por meios distintos. Quando você não entende ou não concorda com a maneira de ser ou de agir de outra pessoa, é simplesmente porque vocês estão em etapas diferentes da montagem do quebra-cabeça. Talvez ela esteja numa etapa mais avançada que você – já pensou nisso? Quando olhamos para outra pessoa, vemos nosso próprio reflexo. Ou seja, vemos as qualidades ou defeitos que são nossos, para então verificar se os aceitamos ou não. Tudo que você enxerga no outro representa você mesmo, assim como o reflexo de um espelho. Quando o comportamento de alguém o incomoda, há necessariamente uma parte sua que é idêntica a essa parte desagradável e que você não aceita em si mesmo. Por outro lado, aquilo que você aceita nos outros provavelmente aceita também em você.

Quando está reagindo à maneira de ser, falar ou agir de outra pessoa, você vivencia muitas emoções. A atitude dessa pessoa o incomoda porque reflete algo que você não se permite ser ou fazer, e isso o leva a julgá-la ou acusá-la. Você se recusa a aceitar que é aquilo que rejeita no outro. Proíbe essa parte sua de se manifestar livremente, porque em algum momento da sua vida você decidiu que isso era inaceitável. Ou então, quando essa parte se manifesta, você se recrimina, se critica e se sente culpado. Com isso, você se impede de ser verdadeiramente quem você é.

Então, em vez de julgar que uma maneira de ser é certa ou errada, aceite o fato de que uma parte sua é assim e pergunte-se quanto lhe custa agir dessa forma. Lembre-se: quem lhe diz que agir assim não é certo é seu ego. Você talvez fique aliviado ao descobrir que o preço a pagar é bem menor do que imaginava e, aos poucos, aprenda a assumir o controle de sua vida em vez de deixar que seu ego domine você.

Como um espelho, quando você vê beleza no outro ou admira uma pessoa, aceite que essa beleza também lhe pertence: você só tem que decidir expressá-la e não deixar que o medo o impeça de reconhecer essa qualidade em si mesmo.

As pessoas se preocupam tanto com a vida alheia, com "o que vão dizer" e com a evolução dos outros, que não fazem sua própria faxina interior. Todos estamos aqui para uma jornada de evolução pessoal, isto é, para aprender a amar e ser feliz. Se todo mundo conseguisse viver essa grande felicidade, a Terra inteira seria transformada para melhor. É tão mais fácil e sensato cuidar de si mesmo do que estar sempre querendo dirigir a vida alheia!

Não estou dizendo que você deve ser egoísta e só olhar para o seu umbigo. Longe disso. Se uma pessoa lhe pedir ajuda, dê o seu melhor de acordo com seu nível de conhecimento e capacidade. Isso é o que se chama de caridade. Todos estamos aqui para crescer juntos. Certifique-se, no entanto, que seja o outro a dar o primeiro passo. Mas quando partir de você a intenção de ajudar e você realmente quer fazer algo por alguém, peça permissão, antes de mais nada.

Você pode se expressar assim, por exemplo: *Tenho algo importante a dizer e acredito sinceramente que isso pode lhe ajudar neste momento. Posso dar a minha opinião?* Dependendo da resposta, você saberá se prestar ajuda será benéfico ou não – para você e para o outro. Se você insistir em ajudar alguém que não lhe pediu nada e, ainda por cima, não pretende mudar seu comportamento, estará gastando energia à toa, sem contar que esse gesto não será nem um pouco bem-vindo!

Saiba, além disso, que você nunca é obrigado a atender ao pedido de quem quer que seja se estiver além das suas possibilidades no momento. E isso vale para todo mundo. Assim, você aprenderá a não nutrir expectativas em relação às pessoas quando for você a lhes pedir ajuda. Quando cuidamos das necessidades dos outros antes das nossas, atraímos problemas para nós mesmos e vivenciamos muitas emoções e frustrações por esperar que eles ajam da mesma forma conosco.

Quanto mais espirituais nos tornamos, mais fácil se torna

viver o momento presente. Para a maioria de nós, no entanto, isso parece ser algo bem difícil de alcançar. Tudo tem mudado tão depressa atualmente, que é comum ouvir pessoas dizendo: *Era tão melhor na minha época! Quando eu era mais jovem parecia ser tudo tão mais simples, tão mais fácil!* Ficando preso ao passado dessa forma, não há como viver o agora de maneira plena.

Você é uma pessoa que se agarra ao passado? Observe o que você acumula dentro de casa. Você reluta em se desfazer de coisas que já não usa ou que quer guardar de lembrança? Isso indica que ainda se apega demais às suas memórias.

Agora que está fazendo sua faxina interior, seria bastante propício aproveitar para cuidar do exterior também. Limpe sua casa e os locais onde acumula lembranças do passado. Tudo que não utiliza há mais de um ano já não tem serventia para você. Energia que não se move equivale a energia mal aproveitada. Quanto mais você se movimenta, mais energia você faz circular. Quanto mais faxina você faz na sua casa e em si mesmo, mais abre espaço para novas coisas e ideias.

Enquanto uns permanecem presos ao passado, outros só pensam no futuro. Seja porque se preocupam com ele, seja porque anseiam por vê-lo chegar acreditando que será melhor: *Quando eu me casar, minha vida entrará nos eixos... Quando tiver uma casa... Quando tiver um filho... Quando tirar férias... Quando me aposentar...* Pensar assim dificulta um bocado viver o presente! É claro que planejar certas coisas para o futuro pode ser muito bom e construtivo, mas não significa que você deva adiar sua felicidade para quando elas acontecerem.

Viver com espiritualidade é colocar o "ser" antes do "fazer" e do "ter", e não o contrário. A pessoa que pensa *"Se eu tivesse muito dinheiro, abriria meu próprio negócio e seria feliz"* está mostrando que necessita ter e fazer antes de *ser*. Para evoluir segundo as leis naturais, essa pessoa deveria pensar: *"Quero ser financeiramente independente. Para isso, quero ter meu próprio negócio e fazer o que for preciso para chegar lá."*

Você é do tipo que acredita que, para ser *espiritual*, não se pode gostar de possuir coisas? Já ouvi muitas mulheres relatarem o seguinte: *Depois que decidi me tornar espiritualizada, parei de me maquiar, de usar joias, de comer carne...* Outras chegam a abdicar de toda e qualquer sexualidade. Lembre-se: ser *espiritual* é sobretudo ver Deus em toda parte; não é se privar de ter ou fazer certas coisas.

Por outro lado, não devemos nos apegar aos nossos bens, quaisquer que sejam, embora possamos apreciá-los por tudo que eles nos propiciam, na medida em que contribuem para aquilo que queremos ser.

É inútil preocupar-se com o amanhã se está tudo bem hoje. Você sabe que nos tornamos o que pensamos, e que fazemos acontecer o que tememos que aconteça. Se você tem um teto, comida, saúde, um emprego ou uma atividade que o ajuda a se realizar e se sentir útil, você já tem muito. Bravo! É isso que importa. Você não tem que se preocupar com o futuro imediato. É claro que isso não o impede de desejar ter algo mais ou traçar objetivos de curto, médio e longo prazo. Mas tudo deve ser feito com a confiança de que se concretizará.

Seu Deus interior sabe exatamente do que você precisa. Quando lhe acontecem coisas desagradáveis, que são o oposto do que você deseja, é importante deixar fluir e saber que, espiritualmente, você precisa dessa experiência para aprender algo importante. Quanto maior a dificuldade, maior o sinal de urgência para você. Essa é a maneira como seu Deus interior lhe faz ver que, neste momento, algo em suas palavras, gestos ou pensamentos está sendo influenciado por seu ego e contrariando as leis do amor. É o jeito que encontra de tornar você mais consciente disso.

Pare de acreditar que Deus o está punindo quando você vive

algo difícil, ou que o está recompensando quando você consegue superar determinados obstáculos. Deus é uma energia para a qual não existe certo ou errado, então não faz sentido que Ele puna ou recompense quem quer que seja. Na realidade, quando as coisas vão mal na nossa vida, é porque nos esquecemos que somos a expressão Dele, que somos parte dessa grande energia divina que existe em todo tipo de experiência.

Quando tudo o que você diz, faz, sente ou pensa está em harmonia com as leis do amor, só lhe acontecem coisas boas.

Para concluir este capítulo, sugiro que você pratique uma meditação. A meditação ajuda a ouvir a voz interior da nossa superconsciência, ou do Deus que nos habita. Quanto mais você aprender a se amar e se aceitar, tornando-se mais consciente, mais vontade terá de escutar essa voz dentro de si. Para isso, recomendo fortemente que você medite todos os dias.

Meditação não é relaxamento. É tirar um tempo por dia, entre vinte e trinta minutos, ou o tempo que você puder, para cessar toda atividade mental. O melhor momento para meditar é de manhã cedo, de preferência em jejum e ao nascer do sol. Se não for possível meditar nesse horário, você pode fazê-lo antes do almoço ou do jantar. Procure um local tranquilo em que possa se isolar e praticar todos os dias.

Sente-se com a coluna alinhada, permitindo que a energia suba desde a sua base até o topo da cabeça. Você pode colocar uma música para tocar, mas não precisa se não quiser. É interessante repetir mentalmente um mantra – uma frase ou palavra espiritual – para ocupar a mente consciente. Procure não escolher uma palavra ou frase que traga alguma imagem à sua consciência, como "paz", "amor", "harmonia", por exemplo. Você pode escolher também algo como "Eu sou Deus". Quanto mais você repetir essa frase, mais estará ajudando seu subconsciente a encontrar os meios para expressá-la.

É possível que você sinta alguma dificuldade no início, pois para a maioria das pessoas não é nada fácil parar de pensar e apenas observar. Mas seja paciente. O que conta é a perseverança, não o êxito da meditação. É como praticar exercícios físicos: no início, as dores musculares são muitas, e só enxergamos nossa inaptidão; chegamos a achar que não é para nós. Mas, se perseveramos, adquirimos mais habilidade nos movimentos, mais conforto e bem-estar. Pois é exatamente isso que acontece com a meditação. Depois de um tempo – dias, semanas ou até meses, a depender do seu grau de disciplina –, você acaba tomando gosto pela prática. E vai até sentir falta quando não puder meditar por algum motivo.

Ao meditar, você desliga a voz que vem da sua cabeça para ouvir a que vem do coração. Você então obtém respostas para os seus problemas ou perguntas internas. Essas respostas não chegam necessariamente durante a meditação, mas nas horas ou nos dias seguintes, sob forma de inspiração ou ideia súbita. Se permanecer alerta, você saberá reconhecer as respostas.

Se sentir uma dor ou um incômodo em algum lugar do corpo durante a meditação, não se preocupe – é apenas um estresse de longa data vindo à tona e tentando se liberar. Simplesmente o observe, sem tentar saber de onde vem, como se observasse folhas deslizando nas águas de um rio. Agradeça ao seu corpo por se dispor a ajudá-lo a expulsar esse estresse que cria um bloqueio dentro de você. Se, de repente, sentir um relaxamento e um calor nesse lugar, saberá que acabou de se livrar dele. Mesmo que não tenha consciência do significado dessa tensão, não importa – você acaba de recuperar uma boa dose de energia. Se permanecer realmente alerta e aberto aos sinais do seu corpo, também é possível que descubra a origem das suas tensões depois da meditação.

EXERCÍCIOS

1. Liste pelo menos três atitudes ou comportamentos que o incomodam nos outros.

2. Em seguida, escreva o que você acusa essas pessoas de serem quando elas agem dessa forma. Você acaba de descobrir três aspectos que ainda não aceita em si mesmo.

3. Conscientize-se de que, quando você age assim, sua intenção não é magoar os outros. Pode ser que você aja por medo ou por alguma limitação. Reconheça que isso também vale para os outros.

4. Faça uma segunda lista com três comportamentos ou atitudes que você admira nos outros com base no que eles "são". Por exemplo: *Admiro pessoas que são muito organizadas.*

5. Ao lado de cada comportamento, escreva o que você tem medo que aconteça caso se atreva a ser aquilo que admira nos outros. Lembre-se: tudo que vê nos outros é um reflexo de quem você é.

6. Repita a seguinte afirmação o mais frequentemente possível:

> Eu sou uma manifestação de Deus. Eu me permito ser o que sou em cada momento. Como sou único, não existe ninguém igual a mim neste mundo.

CAPÍTULO 22
ACEITAÇÃO TOTAL

Ao longo deste livro eu falo em amor e espiritualidade, mas o meio por excelência para alcançá-los é a **aceitação incondicional**. Sem ela, é impossível conquistar paz interior, saúde e felicidade. Já falei várias vezes sobre aceitação, mas quero aproveitar este último capítulo para me assegurar de que ela seja bem compreendida a fim de que você possa aplicá-la na sua vida. Infelizmente, muitas pessoas confundem aceitação mental com a verdadeira aceitação de natureza espiritual.

Aceitar mentalmente consiste em concordar com uma situação ou com uma pessoa e, de modo geral, ter a mesma opinião ou considerá-la aceitável. Esse tipo de aceitação se baseia em nossos valores, naquilo que aprendemos no passado para decidir se aceitamos ou não uma pessoa ou circunstância. Já a visão espiritual da aceitação se situa no nível do *ser*, no nível do coração, onde não existe certo ou errado, nem julgamento de qualquer espécie.

Aceitar verdadeiramente é ter a capacidade de dar aos fatos e às pessoas o direito a ser aquilo que são; é ter a capacidade de viver experiências de qualquer tipo sem querer a todo custo mudá-las, mesmo que não estejamos de acordo com elas. É também permitir, sem críticas ou juízos de valor, que as pessoas sejam diferentes de nós, ao mesmo tempo que nos sentimos à vontade sendo quem somos. Aceitar é reconhecer que toda pessoa tocada ou afetada por uma experiência específica tem uma importante lição de vida a aprender com ela.

A mente, por ser apenas memória, não é capaz de lidar com essa ideia de aceitação, pois se baseia essencialmente naquilo que aprendeu no passado para tirar qualquer conclusão, ao passo que o amor incondicional é sempre centrado no momento presente. Por isso é impossível, para a mente, compreender as noções espirituais. Afinal, está além de suas capacidades. É por isso que o ego, criado a partir de energia mental, recusa-se a permitir que aceitemos o mundo de uma forma distinta da que ele conhece. Ele recorre a todos os meios possíveis para nos impedir de aceitar a vida incondicionalmente, achando que assim está nos ajudando e nos protegendo.

Ele com certeza vai sussurrar no seu ouvido, por exemplo, que, se você aceitar uma pessoa como ela é, correrá o risco de que ela se aproveite de você, ou que, se aceitar as coisas como são, será visto como covarde, fraco, submisso, indiferente, estúpido, etc. Procure prestar mais atenção quando ouvir essa voz interior repetindo coisas desse tipo. Saiba que é a voz do seu ego, que se nega a entender os benefícios de aceitar com o coração.

Com este capítulo, quero sobretudo compartilhar com você as minhas recentes descobertas, a fim de ajudá-lo a pôr em prática a verdadeira aceitação. Veja a seguir alguns caminhos para se chegar ao amor incondicional de si mesmo e dos outros.

1. Aceitar o ego.

"Percebo que meu ego muitas vezes governa minha vida, mas como faço para não deixar que ele me influencie tanto? Como posso me livrar dele?" Se você se faz essas mesmas perguntas que tantas vezes já ouvi, eis aqui minha resposta.

Em primeiro lugar, devemos aceitá-lo, e não nos recriminar porque o criamos, e muito menos querer eliminá-lo a qualquer custo. Desejar rejeitar o que quer que seja é uma grande falta de aceitação. Em vez disso, precisamos nos conscientizar de que, até aquele momento, acreditávamos que nosso ego era a melhor arma que nos protegia do sofrimento.

Como mencionei num capítulo anterior, o ego é como um servo que governa o seu senhor porque este lhe deu muito poder ao permitir que agisse assim. Hoje, com a abertura cada vez maior da consciência, estamos percebendo que não cabe ao servo decidir tudo. Cabe a ele, em vez disso, estar atento às necessidades de seu mestre.

Como retomar o controle da nossa vida desenvolvendo uma atitude de aceitação? O mestre pode dizer ao servo frases como estas: *Acabo de perceber que lhe dei poder demais ao deixar que tomasse tantas decisões em meu lugar. Quero lhe agradecer por ter feito um ótimo trabalho e ter decidido uma série de coisas por mim com base no que achava ser o melhor. Me dei conta, porém, de que isso poucas vezes atendia às minhas necessidades, e que cabia a mim esclarecê--las para você. Então resolvi que, a partir de agora, quero tomar minhas próprias decisões e, se acontecer de eu fazer algo que não me seja benéfico, não se preocupe: não vou responsabilizá-lo, pois estou pronto para arcar com as consequências. Pode ficar ao meu lado quanto quiser. Eu chamo você quando achar que preciso.*

Veja que, com essa linguagem, o servo não se sentirá acusado ou rejeitado, e sim reconhecido pela ajuda prestada. Ficará feliz e aliviado, inclusive, por retomar seu papel de servo, e deixará de bom grado que o mestre reassuma o controle da própria vida. Basta que você fale assim com seu ego, como se ele fosse uma pessoa ao seu lado. Lembre-se: seu ego é uma entidade muito presente e vívida, mas, sendo constituído de matéria mental, você só pode se conectar com ele através da mente.

Nunca esqueça que *não somos nosso ego* e que precisamos nos reconectar com nossa essência divina. Somos seres perfeitos e únicos. Utilizamos um corpo material, com suas dimensões física, emocional e mental, para viver determinadas experiências a fim de retornarmos à nossa verdadeira natureza, que é a de um espírito puro. Infelizmente, fomos nos esquecendo dessa realidade ao longo do tempo e achamos que usar nossa energia mental para criar um ego era a coisa certa a se fazer. Mas é hora de nos reconectarmos com quem verdadeiramente somos.

2. Reconhecer as cinco feridas da alma.

Venho já desde muitos anos trabalhando com as cinco feridas emocionais, que são *a rejeição, o abandono, a humilhação, a traição e a injustiça*. Após muitos anos de experiência, descobri que essas cinco feridas estão na base de todos os nossos problemas, sejam eles de natureza física ou psicológica.

Ao longo de toda a nossa vida temos deixado que o ego nos comande, acreditando que isso nos protege das dores associadas às feridas da alma. Acontece que quanto maior a ferida, mais o ego interfere, achando que com isso está ajudando. Por exemplo, uma pessoa com uma profunda ferida de rejeição terá tanto medo de ser rejeitada ou de rejeitar alguém, que raramente será aquilo que deseja ser. Dará ouvidos à voz do seu ego, que vai influenciá-la a fazer de tudo para não tocar nessa ferida. Quando estiver num grupo de pessoas, tentará passar despercebida para não ser rejeitada, sendo que teria coisas interessantes e importantes para compartilhar. Ou seja, ela não escuta suas próprias necessidades.

O que o ego não sabe, infelizmente, é que quanto mais agimos por medo de alguma coisa, mais essa coisa tende a se manifestar. A pessoa que faz de tudo para passar despercebida se torna praticamente invisível para os outros, como se ela não existisse. Com isso, acaba voltando para casa frustrada, sentindo-se ainda mais rejeitada e furiosa, porque ninguém se importou verdadeiramente com ela.

Se quiser saber mais sobre esse tema, sugiro que leia meu livro *As cinco feridas emocionais: Como superar os sentimentos que impedem a sua felicidade*. Tornar-se mais consciente dessas feridas ajuda você a se aceitar melhor e mais rapidamente, além de ajudar a aceitar os outros, desenvolvendo compaixão pela dor que eles sentem devido às suas próprias feridas não cicatrizadas.

3. Conhecer o triângulo da vida.

No plano espiritual, existe uma importante e inegável tríade. Em seu sentido figurado, a palavra "tríade" significa "conjunto de três princípios, três símbolos ou três coisas interligadas ou interdependentes".

Essa tríade pode ser ilustrada da seguinte maneira:

```
           Na
         mesma
         medida

Eu sou com os outros
Os outros são comigo
Eu sou comigo mesmo
```

Esse triângulo é uma excelente ferramenta para você se conhecer e descobrir o que aceita ou não em si mesmo, tendo em conta que não existe um ponto de partida entre os três lados. Assim que você toma consciência de algo que você *é* (seja consigo mesmo, seja com outra pessoa), percebe automaticamente que isso está relacionado aos outros dois lados do triângulo. Por exemplo, digamos que você esteja acusando seu par amoroso de ser uma pessoa mentirosa. Isso significa que você muitas vezes mente para si mesmo, mente para os outros, e que é julgado como mentiroso com muito mais frequência do que você imagina. É algo difícil de reconhecer e aceitar, não é mesmo?

Lembre-se sempre de que não é você, em seu coração, quem tem dificuldade em aceitar isso: é o seu ego. Como ele não entende as noções espirituais, jamais admitirá que isso possa ser verdade e vai preferir continuar acreditando que só os outros são mentirosos. Além disso, os três lados do triângulo se manifestam na mesma medida. Se você se incomoda muito ao ouvir uma mentira, você agora sabe que, com a mesma intensidade, ainda que inconscientemente, você se sente culpado por mentir. E, quando é chamado de mentiroso, isso lhe provoca emoções igualmente intensas. Mesmo que não tenha consciência desse julgamento, você o capta no plano invisível, e isso faz com que você se sinta incomodado na presença das pessoas que o acusam em segredo, um incômodo muitas vezes inexplicável.

Está começando a perceber como esse triângulo pode ajudá-lo a se conscientizar e a aceitar melhor as coisas? Voltemos ao exemplo da mentira. Quando você se dá conta de que mente para si mesmo e para os outros, percebe ao mesmo tempo que não faz isso por ser ruim ou mal-intencionado, nem porque quer prejudicar alguém. Na realidade, você mente porque está com medo, assim como qualquer pessoa.

Aceitação não significa mudança imediata de comportamento. Pelo contrário! O que mais importa agora é aceitar simplesmente que, assim como as outras pessoas, você às vezes mente porque é acometido por um medo forte demais. Com isso, você dá a si mesmo, e aos outros, o direito de ser humano. Só depois dessa aceitação é que você começará a mentir menos. A transformação ocorrerá naturalmente a partir daí.

4. Reconhecer que a abordagem do espelho só se aplica ao nível do SER.

Falei no capítulo anterior sobre essa teoria, que venho praticando há mais de quarenta anos, mas demorei a perceber que ela só pode ser aplicada ao nível do SER. É por isso que tantas pessoas resistem a essa ideia. Quando alguém lhes diz que elas são o espelho da pessoa que estão julgando, a primeira reação delas é retrucar da seguinte maneira: *Isso é um absurdo! Eu nunca ajo igual ao meu marido. Ele vive calado, enquanto eu falo sem parar. Como você pode dizer que ele é meu espelho?*

Pode ser que essa mulher acuse o marido de *SER* indiferente quando ele não se expressa como ela gostaria. Nesse caso, isso significa que o marido também a acusa de *SER* indiferente. É bem possível que, ao ouvi-la falando sem parar, o marido a julgue indiferente a ele, às suas necessidades, e aponte o fato de ela falar demais sobre si mesma sem se importar com ele, com seus sentimentos e desejos.

Observe com atenção a próxima vez que se sentir incomodado com o comportamento de outra pessoa. Sempre se pergunte: *Quando ela age assim, eu a acuso de ser o quê?* Se achar difícil reconhecer que você mesmo, de vez em quando, é assim com essa pessoa, sugiro que pergunte a ela. Sei que fazer isso requer um bocado de reflexão e humildade. Seu ego ficará consternado, mas a vitória será tão grande que você se sentirá feliz e orgulhoso de si mesmo, com a sensação de ter crescido, de estar vendo tudo com mais clareza. Será uma vitória sobretudo para a evolução da sua alma, além de um grande gesto de amor por si mesmo e pelo outro, pois isso prova que você aceita totalmente ser aquilo que acusa o outro de ser.

5. Saber que só nos tornamos quem queremos ser quando aceitamos nosso lado indesejável.

Essa verdade se revelou para mim depois de eu passar anos fazendo de tudo para não ser uma pessoa "errada", "ingrata", "injusta", "má", etc. Rígida e perfeccionista de nascença, eu sempre quis ser perfeita. Sempre que considerava erradas as minhas características e atitudes, tentava imediatamente deixar de ser e agir assim.

Primeiro levei muito tempo para perceber que eu me reprimia, e depois passei anos me reprimindo ainda mais e me sentindo culpada. Até que compreendi, enfim, que enquanto não me aceitasse por completo jamais conseguiria me tornar quem eu queria ser. Foi nesse momento que pude constatar o maravilhoso e extraordinário efeito da aceitação. Nada é mais poderoso que a aceitação total e completa para transformar um comportamento ou atitude naquilo que buscamos. Eu então soube, lá no fundo, que a mudança de atitude acontece naturalmente quando nos aceitamos de verdade.

Voltemos ao exemplo da mentira. Esse era também o meu caso, pois eu não podia suportar ver alguém mentindo para mim. Recordava minha mãe tantas vezes dizendo: *Uma mentira me dói mais que um tapa*. Meu pensamento era igual ao dela nesse sentido. Não foi fácil para o meu ego descobrir que eu também mentia. Hoje sei que meu processo se concluiu porque, quando noto alguém mentindo para mim, minha primeira reação é perceber o medo dessa pessoa. Ela, na realidade, não está apenas mentindo – está amedrontada. Assim que me pego mentindo, pergunto imediatamente a mim mesma: *O que estou temendo? O que me levou a mentir?* Na mesma hora descubro meu medo e o aceito, dizendo: *Obrigada, meu Deus, por me fazer descobrir esse temor. Tenho consciência dele e um dia vou conseguir superá-lo.*

Em resumo, o que precisamos ter em mente é que aceitar a nós mesmos não significa continuar sendo o mesmo tipo de pessoa pelo resto da vida. Pelo contrário, passamos a ser cada vez menos aquilo que não desejamos, e ainda temos a agradável surpresa de ver que agimos cada vez mais de acordo com quem queremos ser a partir de agora.

6. Compreender que a verdadeira aceitação só pode ser alcançada quando aceitamos a nós mesmos, nos aspectos positivos e negativos de cada atitude.

Essa é outra revelação que me entusiasmou muito. Eu acreditava que aceitava o aspecto positivo das minhas atitudes e só precisava trabalhar no que seria "negativo".

Vou dar um exemplo. Sou uma pessoa muito rápida de modo geral. Minha família inteira é assim, e eu gostava e me orgulhava disso. Não queria mudar nada nessa minha característica, que eu considerava positiva. Estava certa de que me aceitava desse jeito, assim como aceitava as outras pessoas que eram rápidas como eu. O que me incomodava era gente lenta, fosse ao volante, ao caminhar, no modo de se expressar, de pedir alguma coisa... enfim, em tudo.

Hoje sei que, no fundo, não aceitava minha rapidez. Eu me dei conta de quantas vezes me recriminava por querer ir depressa demais, por me esquecer de coisas importantes, ou por tropeçar ao subir ou descer escadas correndo. Recordei, aliás, diversos episódios em que minha rapidez tinha me pregado peças e eu tinha me recriminado depois. Isso indica que, na verdade, eu não estava me aceitando totalmente. Também me lembrei da irritação que sentia quando uma secretária que trabalhou comigo cometia erros por querer fazer as coisas depressa demais. Eu era a primeira a pedir que ela fizesse o trabalho com calma, bem-feito, e revisasse antes de me entregar. Não percebia que eu precisava seguir meu próprio conselho.

Compartilho tudo isso para reforçar que você não deve pautar suas atitudes somente pelo aspecto que julga positivo. Quem disse que ser mais rápido é melhor, ou mais positivo, do que ser mais lento? É preciso entender que cada um tem sua própria personalidade, seu próprio ritmo e que, consequentemente, devemos respeitar essa dualidade. Somente assim você saberá que está mesmo aceitando a si mesmo. Isso não significa que você deva ser positivo na metade do tempo e negativo na outra metade. Qualquer atitude tem dois lados, e todos devemos experimentá-los para verificar se aceitamos ou não a nós mesmos. Por exemplo: ser atento e distraído; ser generoso e mesquinho; ser egoísta e altruísta; ser exigente e tolerante; ser guloso e frugal; ser gentil e rude; ser paciente e impaciente, etc.

Você vai descobrir que expressar o lado supostamente negativo de uma atitude pode acabar sendo muito benéfico para você. Já reparou que, quando se esforça demais para ser o que lhe ensinaram como "o certo", você muitas vezes exagera ou ultrapassa seus limites? Se quiser ser gentil demais, por exemplo, vai deixar que os outros se aproveitem de você, e isso lhe provocará muitas emoções. Por isso é sábio se permitir viver os dois aspectos de uma mesma atitude, segundo as necessidades do momento.

Com tantas ferramentas apresentadas neste livro, espero do fundo do meu coração que você tenha vontade de aplicá-las em sua vida por amor a si mesmo. Lembre-se: enquanto uma experiência não for vivida em total aceitação – ou seja, sem julgamento de qualquer espécie, sem acusação, sem culpa nem arrependimento –, você seguirá atraindo essa mesma experiência até se dar conta de quanto ela lhe é prejudicial.

É assim que vamos nos tornando, aos poucos, seres mais inteligentes e plenamente responsáveis. Decidimos viver somente experiências que nos fazem felizes e evitamos as que trazem consequências desagradáveis. Como você pode ver, é difícil, se não impossível, dissociar a tríade "responsabilidade, inteligência e amor".

Se, apesar de toda a sua boa vontade, da sua crença mental ou da sua dor infinita, você não consegue aceitar um aspecto de si mesmo ou uma atitude de outra pessoa, aceite o fato de que não é capaz de fazê-lo neste momento. Só com isso já estará demonstrando uma forma de aceitação e uma abertura para o bem-estar. Minha sugestão é que, para começar, você experimente essa atitude de aceitação nas áreas que forem mais fáceis para você. Aceitação total significa seguir a voz do coração, que sempre diz: *Sim, eu lhe dou o direito*.

EXERCÍCIOS

1. Identifique uma atitude que o incomoda em outra pessoa – no nível do *ser* – e a partir daí componha o triângulo da vida.

2. Em seguida, verifique em que circunstâncias você se recriminou ou se sentiu culpado por ser o oposto daquilo que o incomoda, ou seja, por agir de maneira supostamente positiva.

3. Para terminar o livro, repita o mais frequentemente possível a mesma afirmação do primeiro capítulo. Você se sente diferente de quando pronunciou estas palavras pela primeira vez?

Eu sou uma manifestação de Deus, eu sou Deus,
e, portanto, posso criar tudo que desejo e
alcançar paz e força interior.

CONCLUSÃO

Estamos vivendo uma época destinada a ser muito espiritual. Precisamos aprender que tudo que fazemos deve servir para **nos transformar no que queremos ser.** Para tanto, devemos mais do que nunca tomar consciência da existência do nosso ego – uma instância mental –, que nos impede de cumprir nosso plano de vida: que é ajudar nossa alma a crescer e se purificar. Crescer, aliás, significa amar a si mesmo e aos outros.

Como permitimos que o ego nos governasse por tanto tempo, desaprendemos o que era o verdadeiro amor e então tivemos que retornar várias vezes a esta Terra, num corpo diferente, para reviver as mesmas experiências. Segundo a ordem das coisas, cada uma de nossas vidas deveria ser usada para aprendermos a amar cada vez mais em diferentes condições, e não para ficarmos sempre repetindo os mesmos roteiros. É como repetir várias vezes o mesmo ano letivo. Se uma criança reluta em aprender, pode levar muitos anos para se formar. Isso não é muito inteligente, é? Ela estaria apenas punindo a si mesma. É o que a espécie humana vem fazendo há muitas vidas.

A Terra é uma grande escola de amor. É um privilégio estar vivo. É por isso que você deve empregar cada momento da sua vida em amar cada vez mais. Ao fazer isso, você evita ter que voltar várias vezes. Pode até conseguir fazer o trabalho de várias vidas – ou seja, evoluir – no decorrer de uma só.

Que tipo de estudante é você? Só cabe a você decidir.

O mais interessante é que essas noções são todas simples, embora nem sempre sejam fáceis de aplicar. Tudo que você precisa fazer é amar, isto é, ver Deus em toda parte, em si mesmo, ao seu redor, e aceitar cada pessoa como ela é agora.

O resto é consequência: desaparecem os medos e toda emoção inútil. Você domina o seu ego, suas doenças se vão, e suas relações afetivas melhoram significativamente. Enfim, há abundância em tudo, no plano material e no espiritual. O que mais você pode querer?

Quanto mais você expressa seu Deus interior amando a si mesmo e aos outros, mais permite que o sol que você carrega dentro de si se expanda e irradie ao seu redor. Você então se torna uma fonte de luz e calor a serviço de todos que têm a sorte de estar ao seu lado ou nos seus pensamentos.

Desejo de todo o coração que você volte a ser esse lindo sol e conheça finalmente a grande felicidade que tanto merece.

Com amor,

Lise Bourbeau

Lise Bourbeau

AGRADECIMENTOS

Gostaria de agradecer a todos que confiaram em mim e me encorajaram a escrever este livro.

Obrigada de verdade às pessoas que me ajudaram a produzir a primeira edição, em 1987: Denise Trépanier, Pierre Nadeau, Odette Pelletier, Liza Klimusko, Danielle Turcotte, Lise Fauteux e Édith Paul; e também a Micheline St-Jacques e Nathalie Thériault, que me ajudaram nesta nova edição.

Um particular obrigada a Jean-Pierre Gagnon, diretor da Les Éditions E.T.C., que está sempre pronto a me incentivar e me apoiar na produção de todos os meus livros.

Agradeço também a Monica Shields, presidente e diretora-geral da escola Écoute Ton Corps, por estar sempre ao meu lado me ajudando em mil e uma coisas.

Muito obrigada a todos os leitores e leitoras que desejarem usar este livro para espalhar o AMOR por toda a Terra.

Este livro é dedicado especialmente aos meus pais, irmãos e irmãs, meus companheiros e meus três filhos, com quem tanto aprendi e ainda aprendo, entre outras coisas, a amar de verdade.

CONHEÇA OS LIVROS DE LISE BOURBEAU

As cinco feridas emocionais

Escute seu corpo

Para saber mais sobre os títulos e autores da Editora Sextante,
visite o nosso site e siga as nossas redes sociais.
Além de informações sobre os próximos lançamentos,
você terá acesso a conteúdos exclusivos
e poderá participar de promoções e sorteios.

sextante.com.br